Conócete
a ti mismo
y a los demás

Conócete a ti mismo

y a los demás

Descubre los secretos
del milenario arte de
la interpretación
del rostro

MÓNICA Y BRUNO KOPPEL

Planeta

Diseño de portada: Alejandra Ruiz Esparza
Ilustraciones de portada e interiores: Bruno Koppel
Diseño de interiores: Víctor M. Montalvo

© 2014, Editorial Planeta Mexicana, S.A. de C.V.
Bajo el sello editorial PLANETA M.R.
Avenida Presidente Masarik núm. 111, 2o. piso
Colonia Chapultepec Morales
C.P. 11570, México, D.F.
www.editorialplaneta.com.mx

Primera edición: marzo de 2014
ISBN: 978-607-07-2077-2

Impreso en los talleres de Litográfica Ingramex, S.A. de C.V.
Centeno núm. 162-1, colonia Granjas Esmeralda, México, D.F.
Impreso y hecho en México – *Printed and made in Mexico*

prólogo

Nuestro acercamiento al tema del Mian Xiang se dio hace algunos años. Esta aventura empezó cuando conocimos a Lillian Garnier, estadounidense, descendiente de chinos, quien se acercó a nosotros en un congreso de Feng Shui en Monterey, California, y comenzó a leer nuestro rostro. Fue una experiencia peculiar y muy magnética. Como buenos mexicanos, curiosos y con muchas ganas de aprender cosas nuevas, iniciamos el estudio y la búsqueda de información acerca del tema.

En nuestros cursos y seminarios comenzamos a enseñar el tema, que se convirtió en un punto de interés muy fuerte entre los alumnos y estudiantes de nuestra escuela. Así surgió la intención de escribir este libro. Al publicar el primer libro del Mian Xiang descubrimos el enorme interés y curiosidad que despierta en nosotros el conocimiento de este tipo de información. De ahí nació la propuesta de este segundo libro con un enfoque en la interpretación de los rasgos, pero también con el apoyo de la metafísica china y el Feng Shui para equilibrar y reforzar lo que nuestro rostro expresa acerca de nosotros. Consideramos que cambiar y mejorar nuestra vida puede estar a nuestro alcance si nos apoyamos en herramientas que nos impulsen al encuentro del equilibrio y el bienestar. En China, el Feng Shui es la técnica o herramienta que se empleaba para equilibrar y mejorar los aspectos del destino.

Escribir un libro cuyo principal enfoque es el aspecto personal impulsado por el Feng Shui y la metafísica china se convirtió en un reto. Consistió en una compleja labor de recopilación de información para nuestra constante práctica de las diversas teorías y escuelas de Feng Shui y astrología china, desde las clásicas o tradicionales hasta las contemporáneas, así como en viajar a China varias veces, conocer maestros diferentes y de distintas posturas en linaje y erudición, profundizar en el estudio de la metafísica y la historia de la cultura china y descubrir la gran sabiduría que existe en su filosofía de vida y su aplicación.

El concepto de visualizar y ubicar al ser humano dentro de un complejo todo que va desde lo más simple y cotidiano hasta lo más complicado y astrológico, a diferencia de nuestro punto de vista occidental, nos llevó a comprender que toda causa tiene un efecto y una resonancia que se refleja en nuestra existencia, nuestra salud, nuestro destino, nuestro estilo de vida y los resultados que obtenemos sobre aquello que buscamos. De manera peculiar, acorde con nuestras circunstancias o lo que nuestro rostro indica acerca de lo que nuestras emociones y vivencias están generando, nuestra tendencia es tratar de vivir en entornos que apoyan esas situaciones. Si nosotros queremos balancear estos aspectos y equilibrar nuestras emociones, ¿podemos apoyarnos en el entorno? Aquí es donde puede intervenir el Feng Shui, este arte chino de analizar el entorno y ubicar al ser humano dentro de él para interpretar su influencia sobre las situaciones que vive. Si cambia mi entorno, puede cambiar mi vida, ¡claro que sí! Es importante saber que el entorno es una herramienta que puede apoyarnos para cambiar nuestra actitud y forma de comportamiento, la experiencia de lo vivido, las emociones, sensaciones y percepciones a través de la distribución de nuestros espacios de vida y de trabajo. Es una labor en conjunto basada en diversas filosofías chinas que se complementan entre sí y se enfocan en un solo aspecto: nuestro bienestar y equilibrio a través de su influencia en nuestra actitud, reacciones y comportamiento.

Este sistema de lectura e interpretación del rostro es diferente al que se conoce y aplica en Occidente. El sistema chino analiza la salud, el estado de vida y la fortaleza o debilidad de la energía personal en el organismo; interpreta el destino de una persona en su rostro y pronostica posibles enfermedades y consecuencias en su vida; en fin, un sinnúmero de situaciones cotidianas presentes y a futuro. Así, el sistema chino de interpretación del rostro se convierte en una herramienta poderosa para todos quienes queremos mejorar nuestra vida a través del autoanálisis y de conocer e interpretar los rasgos de aquellos que nos rodean, pues podemos aprender a determinar en quién confiar y a descubrir las intenciones y tendencias de comportamiento de las personas con quienes nos relacionamos, además de cómo relacionarnos con los demás para lograr mejores canales de comunicación.

Algunos definen a estas técnicas como creencias; otros las denominan supercherías; algunos más las ven con incredulidad y recelo. Nosotros las llamamos herramientas. Sí, herramientas que nos han facilitado las cosas, nos han ayudado a conocer mejor la esencia de quienes nos rodean y nos han llevado a descubrir los sentimientos y emociones de nuestros congéneres y nuestra propia tendencia de destino. De esta manera, reconocemos que las situaciones pueden mejorar y el destino puede moldearse, y siempre mantenemos el enfoque primordial de nuestra misión como profesionales del tema: el bienestar del ser humano a través de su entorno y de la búsqueda de armonía con el universo, con el mundo, con el hombre y con el espíritu como parte de un todo, que fluye con él y con nuestra naturaleza misma.

En estricto sentido, esta obra no es un libro de Feng Shui. La función del Feng Shui que proponemos en este libro es como apoyo para equilibrar y mejorar aquello que nuestro rostro manifiesta.

introducción

La lectura e interpretación de los rasgos del rostro es todo un arte que se convierte en una excelente herramienta para poder establecer mejores canales de comunicación y dejar de juzgarnos unos a otros. La filosofía china del Mian Xiang establece que nuestro rostro es el resultado de nuestras vivencias; es decir, manifiesta lo que hemos vivido, lo que ha marcado nuestras emociones, lo que nuestro inconsciente tiene guardado y no tenemos presente en nuestra conciencia, pero que repercute en nuestro comportamiento, en lo que atraemos, en nuestras relaciones y hasta en nuestra salud.

Entonces, si cambiamos nuestras emociones, nuestros hábitos, nuestra forma de pensar y actuar, ¿nuestro rostro y lo que expresa puede cambiar? La respuesta es sí. Desde la perspectiva del Mian Xiang, el desgaste de algunos órganos, generado por abuso de los mismos y por nuestras emociones, se manifiesta en nuestro rostro mucho antes de que se presente una enfermedad;

por tanto, si aprendemos a interpretar nuestro rostro, podemos fortalecer y mejorar nuestra salud.

Algunos rasgos del rostro, sobre todo los que indican nuestra forma de manifestarnos, son difíciles de cambiar y en realidad señalan ciertas cualidades que tenemos o aspectos que rigen nuestro comportamiento; sin embargo, cuando aprendemos a interpretar lo que esos rasgos indican, podemos fortalecer aquello que sentimos que no nos favorece mucho o que señala desequilibrio.

Pero, ¿cómo podemos equilibrar estos aspectos, incluso fortalecer nuestros órganos y nuestra salud?

Al descubrir las fortalezas y debilidades que nuestro rostro expresa, podemos elegir aquellos aspectos que queremos trabajar de nosotros mismos. Esto es hacernos conscientes de lo que queremos mejorar. Entonces podemos buscar opciones y herramientas que nos apoyen para lograr ese cambio. Dentro de las distintas filosofías chinas existe el Feng Shui, que analiza el entorno y sus efectos, además de integrar al ser humano como parte de ese entorno y asocia esos efectos con el estilo y tipo de vida de su habitante.

¿Si analizo mi rostro y analizo mi entorno, puedo cambiar mi entorno y así cambiar lo que mi rostro me indica? La respuesta es sí. El ser humano está ligado y forma parte de todo lo que sucede en el cosmos donde se mueve; si cambia ese cosmos, cambia su actitud, su manera de pensar, su modo de actuar y los resultados que obtiene. Es, simplemente, hacernos conscientes de lo inconsciente a través del conocimiento y del aprendizaje, y enfocarlo en nuestro bienestar y en el de quienes nos rodean.

el Mian Xiang

面相

El Mian Xiang es el arte chino de la lectura del rostro que convierte a la cara humana en el aspecto más descriptivo de una persona, si sabes cómo interpretarla. Los maestros chinos de este arte dicen: "la cara nunca miente…". Este arte explica cómo leer el carácter, la personalidad y la suerte de una persona a través de su apariencia física. En el Mian Xiang, cada estructura o rasgo del rostro se analiza como un bloque individual, que después se combina con cada análisis separado para llegar a una conclusión sobre el destino de una persona.

Al analizar a un individuo es como si su rostro se volviera de cristal: lo que está en el interior se manifiesta en el exterior.

Esta filosofía sostiene que la cara cambia de acuerdo con la mentalidad y los sentimientos; es decir, las experiencias y las diferentes situaciones que vivimos dejan señales en nuestro rostro que reflejan nuestros miedos, nuestras emociones y nuestras reacciones típicas más ocultas. Nuestro destino puede mejorar a través de nuestros pensamientos y acciones, y eso se refleja en el rostro.

Esta filosofía data de hace miles de años. Se dice que se desarrolló como ciencia en la época del emperador amarillo, Huang Di (2700 a. de C.—2150 a. de C.). El Mian Xiang se realiza a través de la observación de la apariencia física de las personas: sus formas, líneas, estructura ósea, rasgos, coloración de la piel, movimientos, forma de hablar, tics faciales y expresiones.

En la época de las dinastías imperiales, los estrategas chinos y los consejeros reales practicaban esta ciencia para guiar y aconsejar a los emperadores acerca de las diversas personas con quienes se relacionaban.

En la China actual (Hong Kong), las empresas aplican esta filosofía para leer los rostros de sus empleados o posibles candidatos a ocupar un puesto.

El Mian Xiang forma parte de las Cinco Artes Chinas (Wu Shu). *Mian* significa "cara" y *Xiang* significa "fisonomía o apariencia".

Dentro de esta filosofía no solo se analizan los rasgos faciales sino también los gestos, las expresiones y los movimientos sutiles y constantes, incluso los de los ojos, la sonrisa y cómo habla o se expresa el sujeto.

Además de identificar el carácter y comportamiento de una persona, el Mian Xiang busca interpretar su suerte, su destino, sus cualidades, su salud, su tendencia de vida, su matrimonio, su vinculación familiar y sus lazos con hijos, amigos y compañeros.

Este conocimiento te apoya para que tomes mejores decisiones y conduzcas tu vida por diferentes caminos a través de poder interpretar en tu rostro la tendencia energética o de destino que se te presenta.

Cada persona tiene fortalezas y debilidades; al conocerlas, puede enfocarse en equilibrarlas y así explotar todo su potencial.

Feng Shui

風水

El Feng Shui no es un método basado en recetas fáciles asociadas con magia para cumplir caprichos. El Feng Shui es un conocimiento muy bien guardado por los chinos, cuyo fundamento es entender el funcionamiento y el comportamiento del todo y la nada. Su intención es integrar al ser humano a ese todo y a esa nada y a su constante fluir con los ciclos naturales del cosmos, el planeta y el entorno. Esta filosofía está rodeada de asociaciones, representaciones y simbolismos. Radica en la esencia y en la complejidad.

Entender el Feng Shui requiere que abramos nuestra mente y nuestra capacidad de comprensión para poder percibir a la naturaleza desde otra interpretación, muy diferente a la nuestra en Occidente. ¡Es tan lógico y racional, y a la vez ilógico e irracional!

El Feng Shui es una filosofía de origen chino que surge de la inquietud por el estudio del paisaje y de las formas que prevalecen en el entorno, así como de su influencia en el ser humano.

Feng Shui ("viento—agua"), originalmente llamado Kan Yu, es el arte chino del acomodo y diseño (interior y exterior) de un lugar determinado, que parte de su orientación, para mejorar el *Chi* (aliento cósmico) del mismo. En el Chi, o energía sutil de la naturaleza, basa su estudio el Feng Shui para facilitar la armonía y el equilibrio entre el hombre y la tierra. Ambos forman un todo: la salud de uno repercute en el otro y la cooperación mutua los lleva a crecer. De igual manera, ambos requieren de la circulación equilibrada del Chi, positivo y negativo, que da origen al Tao, cuyo significado es "el todo". El Tao es el todo y la nada, y da vida a los polos opuestos que coexisten uno gracias al otro, denominados el Yin y el Yang.

El Feng Shui es el arte de encontrar un lugar adecuado para cualquier cosa y crear ambientes agradables que fomenten el crecimiento físico, mental y espiritual del ser humano, a través del efecto inconsciente que el entorno le genera. Acorde con esta filosofía, nuestra vida y destino están entretejidos con el trabajo de las misteriosas fuerzas del universo y la naturaleza, más que con las propias acciones del hombre. Estas fuerzas son las responsables de la salud, la prosperidad y la buena suerte del ser humano. Asimismo, el Feng Shui define que todas las transmutaciones, desde lo cósmico hasta lo atómico, resuenan en nuestro interior; por eso, algunos lugares son mejores, con más suerte o con mejores bendiciones, que otros.

Si mejoras el lugar, cambias tu suerte; por consiguiente, la meta del Feng Shui es modificar el ambiente para atraer la buena fortuna. El Feng Shui es aplicable desde en pequeños espacios, como una recámara, hasta en las más grandes dimensiones, como un rascacielos.

El Feng Shui también se basa en el calendario lunar, en el calendario solar y en la astrología china; además utiliza la energía de las ocho direcciones cardinales y se enriquece con lo que se denomina como los cinco elementos formadores de la naturaleza: agua, madera, fuego, tierra y metal.

yin / yang

Yin/Yang en el rostro y en nuestro entorno

陰 陽

En la filosofía china todo parte del concepto de los polos opuestos y complementarios denominados yin y yang. El yin es el principio de lo que se realiza o elabora en la tierra, mientras el yang es el principio de lo que se realiza y elabora en el cielo. Son dos polos opuestos que se complementan e interactúan entre sí, se dan vida uno al otro y forman un ciclo constante.

También son los dos polos opuestos de la energía; donde hay yin hay yang y viceversa. Todo en nuestra vida pasa por yin y yang. La media noche es el punto extremo del yin y el mediodía es el del yang; de la misma forma, los meses tienen un efecto yin y yang. Cuando la luna está más llena, la energía es más yang; cuando está más oscura, es más yin. En luna nueva somos más estudiosos, introspectivos y hogareños porque los sentimientos del ser humano se asocian con yin y el exterior con yang. En verano, con la influencia de la energía yang, queremos ir a la playa y estar más activos; en invierno, con la influencia de la energía yin, somos más amorosos, sentimentales, hogareños y familiares.

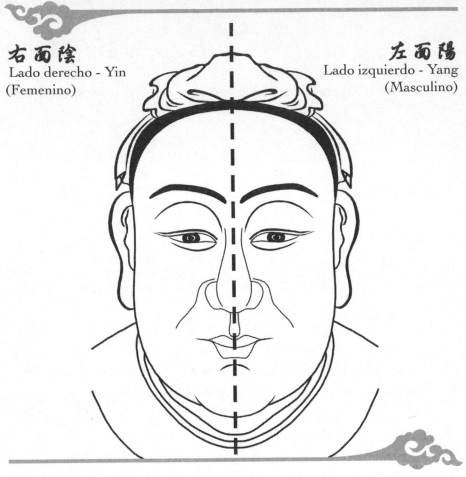

右面陰
Lado derecho - Yin
(Femenino)

左面陽
Lado izquierdo - Yang
(Masculino)

Al aplicar este principio del yin/yang al Mian Xiang se establece el lado izquierdo para el yang (masculino) y el lado derecho para el yin (femenino), como en otras filosofías provenientes de China. El rostro de un hombre se empieza a leer a partir de su lado izquierdo; el de una mujer, a partir de su lado derecho. Este aspecto genera cierta controversia con otros métodos de lectura e interpretación del rostro.

De igual manera se interpreta cuando hablamos de Feng Shui. Parado dentro de una construcción o posicionado en un lugar determinado, con la vista hacia el frente, lo que quede ubicado en el lado izquierdo se asocia con el dragón verde, con la energía masculina; por su parte, lo que quede ubicado del lado derecho se asocia con el tigre blanco, con el lado femenino. Por consiguiente, del lado izquierdo del rostro se identifican los aspectos masculinos, los afectos como padre, abuelos e hijos varones, y del lado derecho los femeninos, como madre, abuelas e hijas. Asimismo, el lado izquierdo manifiesta los aspectos de trabajo, sociales y públicos, mientras el derecho expresa los aspectos emocionales, sentimentales y personales. Esto también se considera y aplica al analizar una construcción desde la perspectiva del Feng Shui. Además de lo anterior, la parte de una construcción que queda más cercana a una calle es considerada la parte yang, y la que queda más alejada de la calle es la parte yin. En términos generales, se sugiere que la ubicación de las áreas sociales de una construcción esté en la parte yang y las áreas privadas en la parte yin.

Pero, ¿qué sucede si de manera personal tú tienes características más enfocadas a ser una persona yin y duermes o pasas demasiado tiempo en una habitación o un entorno yin? De igual manera, ¿qué sucede si de manera personal tú tienes características más enfocadas a ser una persona de tendencia yang y duermes o pasas demasiado tiempo en una habitación o un entorno yang? Otra cuestión más: ¿qué sucede si tú llevas a cabo una negociación con una persona de naturaleza yin en un entorno yin o con una persona de naturaleza yang en un entorno yang? Vamos paso a paso…

El *Chi* es el término que se emplea en China para representar o describir la energía vital de todo lo existente en el universo. El *Chi* se define como el aliento cósmico y se manifiesta como yin y como yang, en una interacción y complemento mutuos. El yin se describe como la energía pasiva y el yang como la energía activa.

Las construcciones también se asocian con yin o yang. Un espacio que está muy reducido y alargado se considera yin, mientras un espacio cuadrado se considera más yang. Desde la perspectiva del Mian Xiang, un rostro alargado u ovalado indica mayor tendencia yin, mientras uno cuadrado o redondo indica mayor tendencia yang.

En nuestra forma de vida, una casa con habitaciones alargadas, pasillos muy largos y oscuros con energía yin se convierte en conflictiva. Casas con humedad, sin movimiento, espacios que no tienen ventilación, lugares que tienen plagas y donde las plantas no crecen o se secan son sitios donde predomina la energía yin. Este tipo de construcción va a generar conflictos. También un exceso de energía yang genera conflictos porque no existe un balance entre las dos energías.

Una casa yang se caracteriza por tener grandes ventanales, con exceso de ventilación, luces, mucho movimiento, niños, mascotas y los espacios son cuadrados.

Una casa o los espacios demasiado yin se asocian con enfermedades yin; es decir, largas, emocionales, depresivas, agónicas y difíciles, mientras los lugares con exceso yang se asocian con enfermedades yang, como estrés, presión arterial alta, problemas de corazón, nerviosismo y alergias (esto aplica también a los climas).

En lugares donde el clima es yin, como en Europa, el mayor número de enfermedades se asocian con el yin. En lugares de clima yang, como México, el mayor número de enfermedades se asocian con el yang. El Feng Shui sostiene que el entorno donde vivimos influye y se refleja en nuestra salud.

Al analizar el lugar donde vivimos o trabajamos y al asociarlo con nuestra tendencia personal manifiesta en nuestro rostro, podemos establecer el equilibrio de energía a través de colores, formas, materiales, estructuras y hasta ubicación de nuestros espacios.

Los seres humanos tenemos personalidades con tendencia a naturaleza más yin o más yang, manifiestas en nuestras características físicas.

Los individuos con personalidad yin son serios, creativos, flexibles, artísticos, de mentalidad abierta, pacientes, comprensivos, afectuosos, cariñosos, tiernos, amables, imaginativos e introvertidos. Cuando esta personalidad recibe la influencia de entornos o aspectos de tendencia yin (estaciones del año, ambientes, alimentación, hábitos de vida), puede inclinarse a un exceso de energía o *Chi* yin y entonces se manifiesta indecisa, depresiva, insegura, temerosa, preocupada, pesimista e hipersensible.

Los individuos con personalidad yang se describen como listos, concentrados, exactos, confiados, seguros de sí mismos, responsables, extrovertidos, expresivos, vivaces, alegres, impulsivos, decididos y competitivos. Cuando esta personalidad recibe la influencia de entornos o aspectos de tendencia yang (estaciones del año, ambientes, alimentación, hábitos de vida), puede inclinarse a un exceso de energía o *Chi* yang y entonces se manifiesta agresiva, impaciente, violenta, desesperada, poco tolerante, gritona, peleonera, tensa, estresada, hiperactiva, saturada, insensible, arrogante y nerviosa.

Desde la perspectiva del Mian Xiang, los rostros con huesos marcados y prominentes se asocian con la energía cósmica yang. Las estructuras óseas del rostro se denominan las montañas del rostro. Por el contrario, los rostros con mayor carnosidad se asocian con la energía cósmica yin.

Un rostro equilibrado entre sus emociones y el aspecto intelectual es aquel en el cual la estructura ósea es prominente, pero suavizada por carne firme y piel suave. Estas características representan armonía entre las energías cósmicas yin y yang.

Algunos aspectos que pueden influir en que desarrollemos una tendencia más yin son las tristezas, la televisión, el alcohol, el azúcar, los dulces, los helados, los postres, un estilo de vida más sedentario, la humedad, el frío, la oscuridad, las drogas, los alimentos fríos y congelados, las frutas y los vegetales verdes.

La presión, el estrés, el exceso de actividades, el exceso de trabajo, la carne, los alimentos condimentados, la sal, la comida seca, la competencia laboral o social, el ejercicio, los viajes, la disciplina excesiva y los vegetales de raíz son aspectos que pueden influir en que desarrollemos una tendencia de comportamiento más yang.

Es importante identificar si nuestra tendencia emocional y de comportamiento es más yin o más yang para comenzar a balancearla con ayuda del polo opuesto. Por su parte, observar los rasgos de una persona nos ayuda a establecer si es de tendencia más yin o más yang y nos permite elegir mejores caminos de comunicación, ya que sabremos en qué términos hablarle y tratarla. Por ejemplo, una persona de tendencia energética yin se manifiesta tranquila y receptiva, dispuesta a escuchar y se comunica de manera profunda, racional y analítica. Gusta de desmenuzar las situaciones y analizar los beneficios cómodos y personales que obtendrá de una situación. Una personalidad yin busca sentirse cómoda, flexible y libre. Una personalidad de tendencia energética yang se manifiesta activa, inquieta y rápida, no le gusta sentir que pierde el tiempo dándole vueltas a las situaciones y a las conversaciones, es de decisiones rápidas y drásticas. Gusta de resolver las situaciones con rapidez y de ganar en toda competencia. Le atraen los retos y las ganancias importantes. Una personalidad yang busca sentirse importante, líder, admirada y dominante.

Siempre en la búsqueda del equilibrio, la propuesta es llevar una negociación o conversación con una persona de naturaleza yin en un espacio o entorno de características yang, y una negociación o conversación con una persona de naturaleza yang en un espacio o entorno de características yin.

A continuación presentamos una tabla que nos permite diferenciar los rasgos y características de la tendencia más yin o más yang de una personalidad determinada. Es importante establecer que todos tenemos ambas tendencias, solo que nos inclinamos más hacia un esquema determinado.

	Yin	Yang
Rostro	alargado con estructura ósea delicada	redondo, cuadrado, estructura fuerte
Cabello	fino, lacio, liso	pesado, rizado, ondulado
Frente	estrecha	ancha, cuadrada, con arrugas
Cejas	arqueadas hacia abajo	rectas, arqueadas hacia arriba
Arrugas	pocas en el entrecejo	profundas y rectas en el entrecejo
Ojos	grandes y separados	pequeños y juntos
Párpado inf.	abultado	arrugas profundas
Orejas	grandes	pequeñas
Nariz	grande y de punta suave	pequeña y de punta firme
Labios	carnosos	delgados
Mandíbula	estrecha	fuerte

Al descubrir en tus rasgos tu tendencia energética, puedes elegir y apoyarte en lo siguiente: si tu naturaleza es yang, ubicar tu área de trabajo y de descanso en una zona yin de la construcción te ayudará a equilibrar tu energía; si tu naturaleza es yin, ubicar tu área de trabajo y de descanso en una zona yang de la construcción te ayudará a equilibrar tu energía.

Retomemos el concepto del lado izquierdo como masculino y el lado derecho como femenino. La cara se divide en dos hemisferios faciales y se denomina el corredor energético yin/yang. Un hemisferio es yin y el otro es yang.

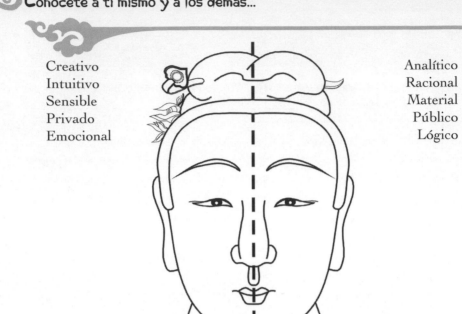

Creativo
Intuitivo
Sensible
Privado
Emocional

Analítico
Racional
Material
Público
Lógico

lado derecho
Como eres realmente

lado izquierdo
Como quieres ser percibido

El lado derecho o yin del rostro se define como el lado femenino y refleja a la madre, a las abuelas y a las hijas; es decir, los aspectos femeninos y sensibles de la persona. El lado izquierdo o yang se define como el lado masculino y refleja al padre, al esposo, a los abuelos y a los hijos; es decir, los aspectos racionales, analíticos y sociales de la persona. El lado derecho manifiesta los sentimientos; el izquierdo manifiesta lo que pensamos. La parte fuerte del carácter se define en el lado izquierdo; la parte emocional y sensible se define en el lado derecho.

En estos dos hemisferios podemos definir la influencia recibida del padre y de la madre, así como de las distintas figuras masculinas o femeninas en nuestra vida: hijos, hijas, abuelos, abuelas, esposo, esposa y amantes.

Una cara simétrica define a una persona honesta y abierta. Una cara asimétrica define a una persona deshonesta y tímida que busca esconder algo de sus sentimientos, de sus emociones o de sus verdaderas intenciones. Aquí es importante determinar lo siguiente: si el lado asimétrico es el derecho, se interpreta como una persona que esconde emociones y sentimientos; si el lado asimétrico es el izquierdo, se interpreta como una persona que esconde intenciones o aspectos de su carácter. Esta asimetría puede indicar que una persona ha vivido situaciones difíciles, que pueden estar asociadas con falta de apoyo o presencia materna o paterna: falta de apoyo masculino si es el lado izquierdo; falta de apoyo femenino si es el lado derecho, principalmente si estas asimetrías se marcan en el área de la frente. La falta de confianza, respaldo y atención de padres hacia hijos tiene una fuerte asociación con este tipo de asimetrías.

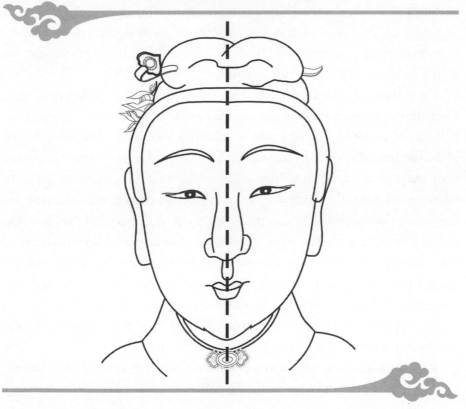

En el caso de que tu rostro manifieste esta asimetría marcada, apóyate en tu entorno: destaca el lado izquierdo de la construcción que habitas. Esto puede ser con luz, una bandera, árboles, algún aspecto que genere que el lado izquierdo de la construcción (de adentro hacia afuera) se vea más alto y dominante. La perspectiva del Feng Shui indica que el equilibrio en el entorno se apoya con un dragón que destaque más que el tigre. Cuando el lado derecho de una construcción destaca o sobresale más que el lado izquierdo se refleja en crueldad, hipocresía y traiciones para los habitantes de ese lugar. Al observar este aspecto en el entorno, te sugerimos tomar en cuenta las construcciones que están a ambos lados de tu espacio.

Una cara simétrica se interpreta como una persona equilibrada en su tendencia yin/yang; es decir, no se inclina hacia los excesos. Maneja un buen balance y equilibrio de yin y yang; por lo mismo, se trata de un individuo honesto que tiende a buscar el equilibrio. También indica una persona que ha contado con apoyos maternos y paternos, lo cual la ha llevado a gozar de un equilibrio intelectual y emocional.

La asimetría puede no solo referirse a la forma de la cara, sino también a alguno de los rasgos del rostro. Es decir, un ojo respecto del otro, los labios hacia un lado u otro, la boca hacia un lado u otro, el mentón, las cejas o la nariz. Cada rasgo se asocia con diferentes aspectos que más adelante conoceremos en este libro, y es posible interpretar el desequilibrio o desbalance de ese rasgo como más yin o más yang de acuerdo con su asociación. Por ejemplo, los ojos se consideran los sentimientos: si el ojo derecho es más pequeño que el izquierdo y la asimetría es notoria, se interpreta como una persona que busca esconder y proteger sus sentimientos. Si es el caso contrario: el ojo pequeño es el izquierdo y el más abierto es el derecho, entonces la persona busca esconder y proteger sus intenciones.

Esta tendencia a mostrar un ojo más abierto que el otro puede variar con frecuencia en cada persona, en distintas situaciones y momentos; por ejemplo, si estamos en un momento sensible, es decir, si vivimos una situación emotiva agradable, el ojo derecho va a abrirse más que el izquierdo. Sin embargo, si experimentamos una situación emocional dolorosa, el ojo derecho tenderá a verse más pequeño que el izquierdo, pues va a buscar proteger las emociones; el izquierdo, al percibirse más abierto en esta circunstancia, manifiesta nuestra intención de racionalizar y analizar la situación que vivimos.

Si en tu entorno predomina el lado derecho en la construcción, es muy posible que en tu rostro destaque más el lado derecho y eso indica tendencia a verte envuelto en traiciones, engaños y guerras constantes, además de sensibilidad extrema que manifiesta que estás siendo lastimado. Tu rostro indica que estás en un aspecto emocional y sensible, con desequilibrio en las emociones sobre el intelecto o con un intelecto opacado por las emociones.

Si en tu entorno predomina de manera exagerada el lado izquierdo en la construcción, es muy posible que en tu rostro destaque más el lado izquierdo y eso indica tendencia a verte envuelto por completo en cuestiones de trabajo, negocios y dinero. La intelectualidad extrema manifiesta desinterés y frialdad hacia lo emocional. Tu rostro indica que estás en un aspecto intelectual y material, con desequilibrio en las emociones respecto del intelecto o con emociones opacadas por el intelecto y lo material.

En este sentido puedes apoyarte en tu cama: el lado derecho representa la energía femenina, el lado yin, y el lado izquierdo es la energía masculina, el lado yang. Esta posición aplica cuando estás acostado sobre la cama. Coloca dos mesas de noche, una a cada lado de la cama, e integra algo un poco más alto en la mesa de noche del lado izquierdo.

Si el rostro se define más por rasgos prominentes, como huesos y poca carne, indica que predomina la energía yang en su naturaleza y se manifiesta como una persona con necesidad de controlar a otros, que busca el poder y el éxito con rapidez y puede volverse adicta al trabajo.

Si el rostro se define más por rasgos pequeños, huesos escondidos y es carnoso, indica que predomina la energía yin en su naturaleza y manifiesta una persona sumisa que obtiene pocos logros y es muy emotiva y sensible.

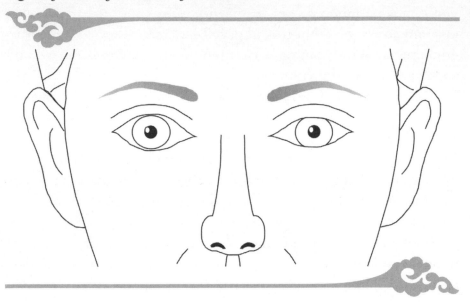

Si buscamos establecer canales de comunicación, a una persona cuyo ojo derecho se percibe más abierto que el izquierdo es recomendable hablarle en términos emocionales; a una persona cuyo ojo izquierdo se percibe más abierto que el derecho es recomendable hablarle en términos prácticos y materiales.

Así como los ojos se asocian con los sentimientos, el mentón se asocia con el carácter; los pómulos con los impulsos; la nariz con la riqueza; la barbilla con la decisión y el poder; y las orejas con la fortaleza. De esta manera, al observar la simetría del rostro, podemos establecer balance o desequilibrio en diversos aspectos de la persona acorde con el rasgo que se manifiesta asimétrico.

Al detectar un cierto desequilibrio o tendencia hacia el yin o hacia el yang, podemos establecer ese equilibrio en nosotros a través de actividades, los colores que nos rodean (al vestir), los alimentos que consumimos, etcétera. Es decir, si me encuentro en una etapa donde el yin es dominante, puedo recurrir a actividades, colores y alimentos yang, y viceversa.

A continuación presentamos información que clasifica actividades, colores, actividades y alimentos como yin o yang.

Alimentos

Yin	Yang
Vegetales verdes	Sal
Tofu	Carne
Ensaladas	Huevo
Frutas	Pescado
Líquidos	Granos
Helados	Vegetales de raíz
Azúcar	Frijoles

Actividades

Yin	Yang
Caminata lenta	Box
Natación	Karate
Tai chi	Futbol
Yoga	Tenis
Meditación	Aerobics
Masaje	*Jogging*
Descanso	Caminata

Colores

Yin	Yang
Oscuros	Brillantes
Azules	Rojos
Verdes	Amarillos
Negro	Blanco

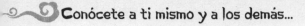

Las personas espirituales y analíticas tienen una naturaleza de tendencia yin, mientras que las que son prácticas y realistas manifiestan una tendencia yang.

Si tu naturaleza es yang, apóyate con yin; si tu naturaleza es yin, apóyate con yang.

división trinitaria del rostro

El cielo, los humanos y la tierra

Un concepto primordial en la filosofía china es el de la Trinidad Cósmica; es decir, para que todo proceso de vida, energía y destino se realice, es necesaria la conjunción de tres aspectos importantes: el cielo, el hombre y la tierra. Lo anterior forma un canal de conexión y fluidez de la energía o Chi. Dentro de cada arte y ciencia chinos se asocia la presencia de esta trilogía con aspectos de su área de estudio.

En el caso del Feng Shui, la construcción se representa de la siguiente manera: el techo es el cielo, el habitante es el hombre y el piso, la puerta y la estufa son la tierra.

Para la astrología también existe el cielo, el ser humano y la tierra, que es su entorno.

En el caso del Mian Xiang, el rostro se divide en tres regiones importantes que se asocian con esta trilogía:

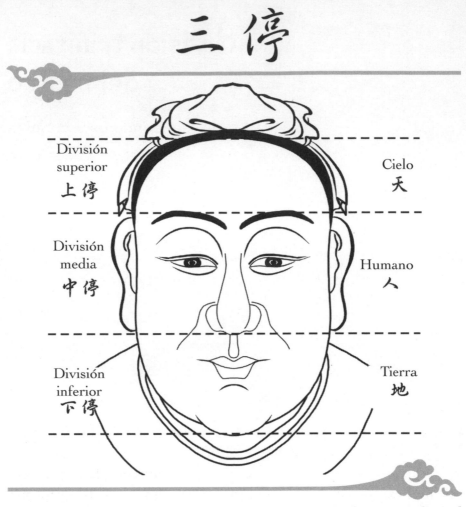

Se divide el rostro en tres partes de manera horizontal. Del borde del cabello a las cejas se denomina el cielo, de las cejas a la base de la nariz se denomina el hombre, y de la base de la nariz al borde de la barbilla se denomina la tierra.

Al establecer esta división trinitaria del rostro, la energía del cielo se asocia con el intelecto, el hombre representa a las emociones y el comportamiento, y la tierra describe los instintos e impulsos.

En una construcción, la altura del techo se asociará con la libertad de pensamiento y la creatividad (el cielo). El habitante se relaciona con la reacción que emite ante su entorno, además de los pasillos y la distribución de la construcción (el hombre). Las puertas, la estufa, el piso y la sensación al caminar (la tierra) se asocian con la toma de decisiones y la firmeza.

El largo del rostro indica el nivel de calidez de una persona: mientras más alargado es el rostro, más tiende la persona a ser cálida y sensible (yin). Entre más redondeado o corto sea el rostro de una persona, más calculadora y analítica (yang) será su tendencia.

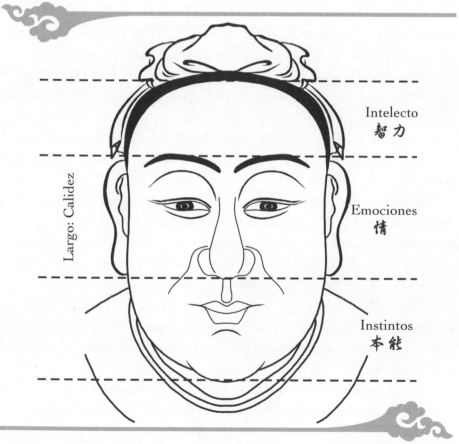

Una construcción, entre más larga sea, más emotividad y calidez genera. Lo anterior aplica también a elementos de un espacio; por ejemplo, una mesa ovalada puede provocar convivencias emotivas y cálidas en reuniones familiares o al momento de compartir los alimentos. Si tu rostro es cuadrado o redondo, apóyate con mesas ovaladas y espacios alargados.

Una construcción, entre más cuadrada sea, más practicidad, análisis, estabilidad, actividad rápida y dinámica se percibirá en el entorno. Si tu rostro es alargado, apóyate con mesas cuadradas o redondas y espacios cuadrados.

En una construcción, un plano o forma asimétrica se asocia con desequilibrio e inestabilidad. Si tu rostro tiene rasgos asimétricos, evita construcciones asimétricas.

Un mayor desarrollo en un área del rostro se interpreta como mayor control y equilibrio en el aspecto relacionado; por ejemplo, si la frente es más amplia o desarrollada que la nariz o la barbilla, indica que la persona manifiesta un fuerte manejo y equilibrio intelectual que controla las emociones, el comportamiento y los impulsos.

Los techos altos en una construcción indican mayor intelectualidad, creatividad y libertad de pensamiento de sus habitantes.

Sin embargo, si tu frente es más amplia y desarrollada que la nariz o la barbilla, apóyate con una construcción de altura media, pues si el techo es alto puede reflejarse como conflictos para concretar lo que planeas y estructuras, todo se te va en soñar y te cuesta trabajo pasar del pensamiento a la acción.

Si la nariz es más larga y dominante que la frente o la barbilla, expresa que la persona tiene un fuerte manejo y equilibrio de las emociones, las cuales controlan el aspecto intelectual, el impulso y el instinto.

Las áreas abiertas y amplias en una construcción indican un espacio de expresividad y libertad emocional para los habitantes.

Sin embargo, si tu nariz es más grande y desarrollada que la frente y la barbilla, apóyate con espacios menos amplios y abiertos, ya que si son abiertos y amplios pueden reflejar en conflictos emocionales constantes, en manifestación extrema a través de las emociones y en tendencias al drama y al chantaje.

Si la barbilla es más larga y dominante que la frente o la nariz, la persona manifiesta un fuerte manejo y equilibrio de los impulsos y el instinto, los cuales controlan el aspecto intelectual y las emociones.

Cuando la puerta es demasiado grande y amplia en una construcción, indica un espacio de comunicación, de llegada de muchas oportunidades, de impulso, rapidez y agilidad.

Sin embargo, si la barbilla es más grande y desarrollada que la frente y la nariz, apóyate con una puerta más pequeña o de tamaño medio, ya que si es demasiado grande y amplia puede reflejarse en conflictos constantes asociados con querer imponer tu intuición y tus decisiones a los demás y en una tendencia a volverte mandón y dominante.

Entre menos desarrollada esté un área del rostro, se interpreta que prevalecen esos aspectos en tu vida; por ejemplo, una persona con barbilla pequeña y poco desarrollada indica a una persona impulsiva e instintiva.

En una construcción, una puerta pequeña indica llegada de pocas oportunidades, lo cual deriva en decisiones impulsivas e instintivas de los habitantes.

Si el área del hombre (la nariz) es pequeña, refleja a una persona sumamente emotiva (yin), llorona y sensible.

En una construcción, los espacios muy pequeños y amontonados indican saturación emocional con tendencia al miedo y a la depresión para los habitantes.

Si el área del cielo (la frente) es pequeña, refleja a una persona poco analítica y práctica, que aprende sobre la marcha y no reflexiona.

En una construcción, los techos bajos y opresivos indican poca oportunidad de reflexionar y analizar para los habitantes, quienes solucionan las situaciones como se presentan y tienen poca creatividad.

Si tu caso es de barbilla pequeña y poco desarrollada, apóyate con una puerta amplia. ¿Nariz pequeña y poco desarrollada?

Apóyate con espacios amplios, libres y muy acomodados. ¿Frente pequeña y poco desarrollada? Ayúdate con techos altos.

Esta división trinitaria también se asocia con diferentes etapas de nuestra vida. La primera división trinitaria representa la etapa de los quince hasta los treinta años de edad (juventud) y se ubica desde el inicio de la frente hasta las cejas. Esta región revela el apoyo que la persona recibió o recibirá de los padres durante su juventud, así como las oportunidades de estudio y desarrollo.

La segunda división trinitaria representa la mediana edad (entre los 31 y los cincuenta años), desde las cejas hasta donde comienzan las fosas nasales (base de la nariz).

La tercera división trinitaria representa la edad madura (de los 51 años en adelante) y abarca del principio de las fosas nasales (base de la nariz) hasta la barbilla.

La infancia (desde la concepción hasta los catorce años de edad) la representan las orejas. Para un hombre, la oreja izquierda corresponde a la edad comprendida entre uno y siete años y la derecha entre ocho y catorce años. Para una mujer, la oreja derecha corresponde a la edad comprendida entre uno y siete años y la izquierda entre ocho y catorce años de edad. Esto es por la asociación yin/yang en el rostro; recordemos que el lado derecho corresponde al lado femenino (yin) y el izquierdo al masculino (yang).

Si analizamos la cara de un niño, debemos observar sus orejas, pues son las que indicarán el momento presente en su vida. Cuando las orejas tienen manchas, líneas, coloración diferente, piel seca y rasposa, palidez, cicatrices o lunares oscuros, representan aspectos o experiencias fuertes por vivir o vividas en esa etapa.

Si estos aspectos están presentes en lo que se conoce como la primera división trinitaria, es común que la persona se sienta sola y busque la manera de agradar a los demás, se manifieste reservada y fluye conforme con lo que cree adecuado para encontrar aceptación. Su comportamiento puede ser contradictorio: tímido y reservado, en busca de imitar a otros para ser aceptado y sentirse apoyado; o agresivo, con la intención de ser líder, también para ser aceptado. Es posible ayudar a esta persona con apoyo de su entorno, a través de trabajar con objetos de respaldo, seguridad y protección. Puedes lograrlo a través de una cabecera de material sólido, como madera, que representa respaldo; dos mesas de noche, una a cada lado de la cama, van a representar un abrazo. Todo lo anterior generará a nivel inconsciente una sensación de protección y respaldo que se reflejará en una actitud de mayor seguridad.

Si estos aspectos están presentes en lo que se conoce como la segunda división trinitaria, es común que la persona se sienta vulnerable en sus emociones, utilizada y poco valorada, que le cueste trabajo negociar y pueda mostrar expresiones explosivas o exageradas cuando se sienta agredida; de hecho, tenderá a sentirse agredida por todo. Puedes ayudar a esta persona con objetos en su entorno destinados a resaltar sus talentos y sus logros, a través de un decorado y diseño donde exista un balance entre elementos yin y yang. Esto promoverá un ambiente y una sensación de equilibrio, lo cual generará bienestar a nivel inconsciente.

Si estos aspectos están presentes en lo que se conoce como la tercera división trinitaria, es común que la persona se sienta nerviosa, sola y con temor a perder su estabilidad. Tenderá a coleccionar y guardar objetos que saturen sus espacios, en la búsqueda de compensar sus miedos y amortiguar su sensación de soledad. Es recomendable hacer una buena limpieza de objetos e integrar objetos yang en la decoración y el diseño de sus espacios personales. Esto promoverá un ambiente con sensación de alegría, festividad y convivencia, así como de libertad emocional.

Cuando los rasgos son buenos, limpios, rosados, brillantes, humectados, sin resequedad, sin cicatrices o lunares, indica una buena situación por vivir o vivida en esa etapa.

La primera división trinitaria también se asocia con la nobleza de una persona: una frente bien desarrollada y marcada es indicativo de individuos poderosos y fuertes. El sistema nervioso se asocia con esta división.

La segunda división trinitaria también se asocia con la salud y la longevidad, al igual que con los logros. Una nariz bien definida y desarrollada, recta y fuerte, es indicativa de una persona sana. El sistema circulatorio se asocia con las mejillas; las tonalidades oscuras anuncian problemas circulatorios.

La tercera división trinitaria también se asocia con riqueza y prosperidad. Una barbilla de estructura fuerte y sólida habla de una persona con facilidad para la riqueza. Una barbilla frágil y delgada es indicativa de una persona con tendencia a perder dinero y a endeudarse, solitaria, con predisposición a sentirse sola y a pasar carencias económicas en la vejez. El sistema digestivo se asocia con esta división.

Si las divisiones se encuentran balanceadas en tamaño y medida, significa que cada una de las tres etapas principales de la existencia de esa persona será productiva, con buenos resultados y un buen estilo de vida.

Si alguna de las tres divisiones está más desarrollada o es más dominante, indica la etapa de la vida durante la cual la persona será más productiva y tendrá mejor orientación, así como mejores resultados y éxito. Si alguna de las tres divisiones es más pequeña que las otras, indica que es la etapa de la vida durante la cual la persona encontrará mayores problemas y conflictos, así como soledad y falta de apoyo. Por ejemplo, una frente pequeña indica una persona con pocas oportunidades de estudio, una juventud complicada con poco o nulo apoyo de sus padres. Una nariz muy pequeña indica personas con dificultad para escalar posiciones y obtener buenas oportunidades de desarrollo y estabilidad. Si la barbilla es delgada y pequeña indica una persona con una vejez llena de enfermedades, problemas y soledad. Al identificar una buena etapa productiva de nuestra vida en nuestro rostro, es importante ahorrar y establecer orden en las finanzas con el fin de prepararnos para aquella etapa que nuestro rostro indica que puede ser más pasiva.

En lo que respecta al entorno, la parte trasera de nuestra construcción se asocia con consolidación, estabilidad y ahorro. Sugerimos colocar elementos pesados y sólidos en la parte trasera de nuestro espacio, como una barda, rocas o árboles de tronco sólido y altos.

Una frente amplia y fuerte indica una persona inteligente. Ahí se ubica la edad entre los quince y los treinta años. Si la frente tiene alguna protuberancia o no está pareja, puede indicar que la persona presentará o presentó retos constantes y suerte difícil entre los quince y los treinta años de edad. Como problemas o rasgos complejos, puedes observar una frente muy angosta o con cicatrices, con granitos o protuberancias muy marcadas. Lo ideal es que la frente sea lisa, suave, sin cicatrices ni marcas, alta y amplia. Si una persona tiene este tipo de frente, indica que desarrollará éxito escolar y destacará en su profesión desde la juventud. Si las sienes en una persona presentan hundimiento y existe crecimiento de cabello en esa zona, indica que vivió pobreza y no obtuvo muy buena educación por parte de sus padres. Si las sienes se presentan llenas o abultadas, indica que la persona gozó de riqueza y muy buen apoyo, atención y educación por parte de los padres. El lado izquierdo de la frente indica la relación con el padre y el derecho con la madre (yin y yang). Si negocias o conversas con una persona de frente amplia, evita hacerlo de manera superficial, pues gusta del análisis y de los acertijos. Si negocias o conversas con una persona de frente angosta, evita los temas intelectuales de análisis y acertijos, pues gusta de los aspectos prácticos, definidos, rápidos y dinámicos.

La parte superior de la frente representa el poder o la capacidad analítica. La parte central representa la capacidad de memoria. La parte baja representa la capacidad de observación de una persona.

Si buscas un líder, observa la frente. La frente amplia y sin marcas indica un líder intelectual, analítico y observador. La frente estrecha puede indicar un líder práctico, rápido, impulsivo y dinámico, siempre y cuando esté apoyado por una nariz recta, sólida y firme. Aquí interviene la actividad profesional por realizar.

Las cejas nos indican el avance en la vida profesional de una persona entre los 31 y los 34 años de edad. Las cejas delgadas, rotas o rebeldes indican dificultades durante esa etapa. Las cejas débiles avisan problemas para desarrollar éxitos profesionales. Una manera de apoyarse con el entorno es con el elemento madera: integra árboles de tronco firme o plantas de tallos altos y fuertes en el sector cardinal Este del espacio. El elemento madera promoverá una sensación inconsciente de tenacidad para enfocarse y terminar lo que se comienza, aspecto que puede reflejarse en equilibrio y desarrollo de logros profesionales. Una ceja elegante, media, ni muy delgada ni muy gruesa, caracteriza a una persona con una carrera exitosa y buena suerte en esa etapa de la vida. En las cejas se asocian las emociones y la inteligencia. Si las cejas son más largas que los ojos y su crecimiento es derecho, es decir, no es rebelde o disparejo, indica que a la persona le apasionan la belleza y las artes. Por el contrario, las cejas delgadas con crecimiento rebelde representan a una persona con poco sentido de la estética y poca atracción por el arte. Si las cejas son largas, describen a una persona tranquila y dudosa para tomar decisiones, mientras las cejas cortas o pequeñas indican personas de decisiones rápidas y pensamiento ágil.

Para analizar la etapa entre los 35 y los cuarenta años de edad, observemos los ojos. Si el tamaño de los ojos es distinto y muy marcado, indica suerte inestable en esas edades, con cambios constantes en lo profesional y lo sentimental. Una manera de apoyarse con el entorno es emplear objetos pesados, que representan estabilidad, en los dos sectores cardinales que se asocian con la profesión y los sentimientos: el Norte y el Suroeste. Si percibes que el tamaño de los ojos es muy parejo, indica buena suerte y estabilidad en esta etapa de la vida.

El puente de la nariz, donde comienza hasta la punta, habla de la etapa comprendida entre los 41 y los cincuenta años de edad. Una nariz asimétrica indica suerte inestable asociada con cuestiones económicas y consolidación. Una sugerencia para apoyarnos con el entorno es el aspecto de montaña, que representa solidez y estabilidad. Coloca un objeto pesado y sólido en el sector cardinal que se asocia con cuestiones económicas, el Sureste, y en la parte trasera de la construcción, que se asocia con estabilidad y consolidación.

La etapa entre los 51 y los sesenta años de edad se asocia con el *filtrum* (surco nasolabial) y los labios. La barbilla y la mandíbula gobiernan la suerte entre los 61 y los setenta años de edad. La boca y la barbilla son determinantes para interpretar el tipo de vejez que le espera a una persona. Una barbilla redondeada y bien desarrollada indica una vejez próspera y alegre, mientras una barbilla demasiado delgada o puntiaguda indica una vejez rodeada de soledad y tristeza. En este caso, apoyarse con un entorno asociado con energía yang ayudará a integrar un ambiente que equilibre el aspecto yin que rodea a la soledad y a la tristeza.

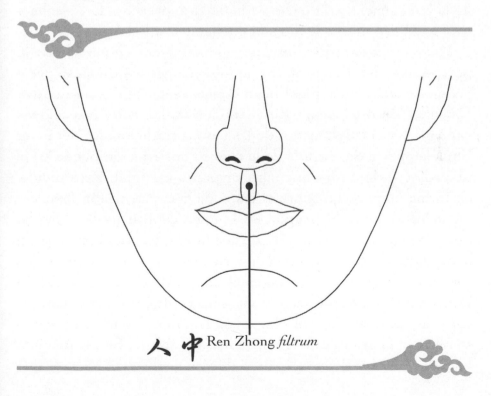

人中 Ren Zhong *filtrum*

Cuando el *filtrum* es largo y profundo indica a personas alegres y felices en la vejez. Si los labios superior e inferior son similares en tamaño y grosor, las comisuras de los labios no son hacia abajo y la barbilla y mejillas se perciben redondeadas, describen a una persona que lleva buena relación con sus hijos, hijas y empleados.

Si, por el contrario, el *filtrum* es muy angosto, las comisuras de los labios están hacia abajo, la barbilla es delgada y puntiaguda, las mandíbulas son huesudas o marcadas, avisan de una persona con una vejez triste y solitaria, sin compañía de familiares. En este caso, es recomendable analizar la actitud que la persona toma ante la vida. Lo indicado es trabajar las emociones, sobre todo el perdón y el control de la soberbia, ya que sus propios actos llevan al individuo a una vejez triste y sola.

En resumen, la parte del cielo representa el desarrollo de la inteligencia, la parte del hombre representa la práctica o el uso de la inteligencia, y la parte de la tierra representa la cosecha a través del uso que se le dio a la inteligencia a lo largo de la vida.

Hemos comenzado a integrar algunas asociaciones, desde la perspectiva del Feng Shui con direcciones cardinales; pero, ¿cómo se trabajan o identifican dichas asociaciones en nuestra construcción o espacio? En el trabajo de las ocho direcciones cardinales y el fundamento de las teorías tradicionales del Feng Shui, la puerta de entrada de la casa o construcción puede estar ubicada y dirigida hacia cualquier punto cardinal. Para dividir en forma de parrilla, sobre el mapa de la construcción (espacio techado) se pone la brújula en la línea central de la fachada, donde se encuentra la puerta de la entrada, ya sea la principal o la de alguna habitación con la puerta cerrada (los metales de los relojes o cualquier otro metal en el cuerpo altera las brújulas); se toma la medida exacta con la vista hacia afuera de la construcción; se ubica primero el Norte con la aguja magnética y luego se observa el grado que tenemos hacia el frente. Se recomienda hacerlo al centro de la fachada, a diferencia de otros autores que recomiendan hacerlo en la puerta de entrada, pues hemos descubierto que al hacerlo en la puerta, algunas personas tienen confusión al trazar los grados sobre un plano. Sugerimos medir en el punto central de la fachada, ya que necesitamos determinar el grado del sector cardinal de donde llega la energía principal a la construcción.

Por ejemplo, una casa cuya fachada mira al Noroeste: se traza el mapa dividido en los nueve sectores y la fachada se ubica al centro, aunque la puerta esté en el sector Norte (en este punto puede haber confusión por la posición de la puerta). A partir de la posición de la puerta se distribuyen, en el plano dividido, los puntos cardinales.

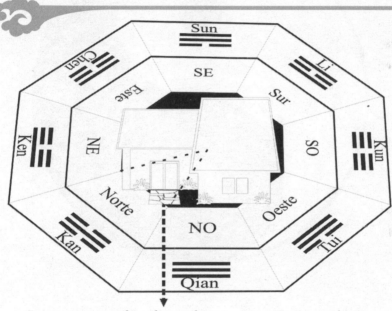

La puerta está ubicada en el sector Norte pero ve al NO.

En las escuelas tradicionales de Feng Shui, todas las plantas de la construcción son iguales en relación con la dirección de la puerta de entrada principal; es decir, la energía de las direcciones nunca va a cambiar.

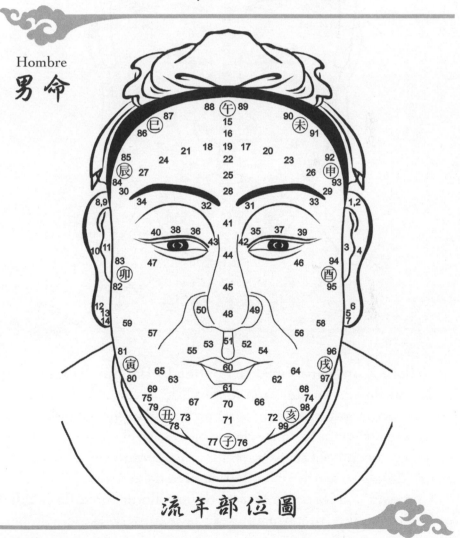

las cien posiciones

Las edades en el rostro

流年運程

Hombre

男命

流年部位圖

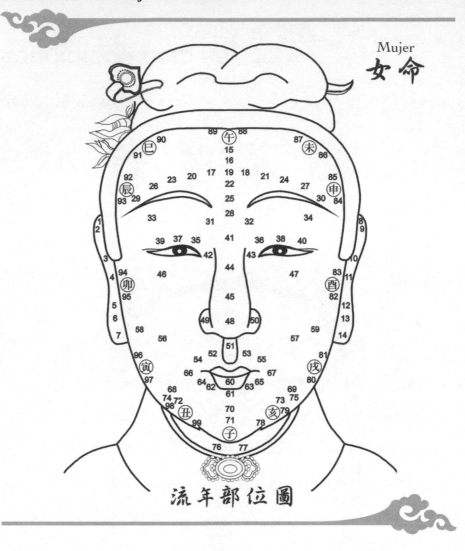

Se refiere a un mapa facial denominado Bai Sui Tu y localiza cada año de edad en un área distinta de la cara. Cada posición en este mapa gobierna una edad en tu vida; por ejemplo: a los treinta se atraviesa la suerte de los ojos; a los cincuenta, la suerte está en la boca y así sucesivamente, de acuerdo con el rasgo del rostro donde se asocie una edad determinada.

Con esta técnica se analiza el desarrollo del área de la edad que se busca interpretar o analizar, la textura de la piel y la presencia de manchas, marcas, cicatrices o lunares para determinar aspectos importantes de suerte o de atributos de la persona.

En las mujeres, el mapa sc lee de derecha a izquierda; en los hombres, de izquierda a derecha.

Los números indican las edades chinas.
Las mujeres empiezan con el oído derecho.
Los hombres empiezan con el oído izquierdo.

Las marcas y manchas en el rostro pueden indicarnos situaciones conflictivas a determinada edad.

Ubica tu edad actual más uno, ya que los chinos consideran la etapa del embarazo como parte de la edad de una persona. Encuentra tu posición actual, es decir, busca tu edad actual (recuerda sumarle un año) y observa si estás del lado izquierdo o derecho del rostro. Si te ubicas en el lado izquierdo, denota que en esta etapa sintonizas con el aspecto yang y activo de tu vida. Si te ubicas en el lado derecho, indica que estás más sintonizado con el aspecto yin y receptivo de tu vida. Recuerda que si tu género es femenino, las edades comienzan a ubicarse a partir de la oreja derecha y el género masculino a partir de la oreja izquierda (yin/yang). Si en el momento presente tu edad se ubica en el lado izquierdo, enfoca este año en impulsar, crear y darle vida a proyectos nuevos asociados con lo profesional y económico; sin embargo, para evitar caer en estrés y en actitud obsesiva hacia los aspectos yang, apóyate en tu entorno con decoración asociada con energía yin. Si tu edad se ubica en el lado derecho, dedica este año a cuidar y trabajar tus emociones, tomar cursos, meditar y enfocarte en tu familia y tu pareja; sin embargo, para evitar caer en un exceso de emotividad y depresión o tristeza, apóyate en tu entorno con decoración asociada con energía yang.

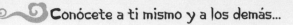

	Yang	Yin
Formas	Círculo Octágono Cuadrado	Rectángulo Ovalo Alargado
Colores	Rojo Naranja Amarillo	Azul Verde Gris
Materiales	Cristal Mármol Granito Piedra pulida Piedra Metal	Madera trabajada Madera natural Textiles
Pisos	Mármol Granito Losetas	Tapetes Alfombras Carpetas
Ventanas	Persianas Metal Madera Papel	Tela Cortinas Gasa
Decoración	Esculturas de piedra Espejos Pinturas abstractas/glaseado Metales	Madera Acolchonado Tapiz de tela Tapiz de papel Tapetes

Fuente: *Practical Feng Shui*. Simon Brown.

Si tu edad actual se ubica en el centro de la cara, indica que en este momento estás mucho más centrado y equilibrado en ti mismo, en tus deseos, tus planes y tus necesidades personales. Te encuentras en una etapa de equilibrio entre el yin y el yang.

Mujer 女命   Hombre 男命

16
19
22
25
28
41
44
45
48
51
60
61
71

Los trece puntos centrales de la cara –16, 19, 22, 25, 28, 41, 44, 45, 48, 51, 60, 61, 71– son posiciones importantes, ya que significan logros y cambios en tu vida que generan satisfacción o frustración y decepción. Revisa la coloración de la piel en estos puntos: si esas áreas brillan o están pálidas o grisáceas, son señal o referencia para interpretar tu nivel de salud y de vitalidad, además de tu actitud ante la vida en cualquier periodo o etapa. Por ejemplo, si la punta de tu nariz presenta piel grisácea o seca o está demasiado pálida o demasiado enrojecida, indica salud frágil respecto del corazón, además de tendencia a padecimien-

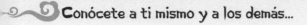

tos cardiacos alrededor de los 48 años de edad. Si descubres este tipo de situaciones, lo indicado es prestarle atención y comenzar a cuidar tu cuerpo mediante una dieta balanceada para fortalecer los órganos y reducir la tendencia a enfermedades y conflictos. Si la apariencia es rosada y brillante, indica buena salud y órganos fuertes.

los catorce puntos meridianos del rostro

Existen catorce puntos meridianos que se emplean para interpretar el pensamiento y comportamiento de una persona; por ello, son esenciales en la práctica del Mian Xiang. Estos puntos meridianos corresponden a los catorce puntos centrales de las edades en el rostro y su implicación es muy importante.

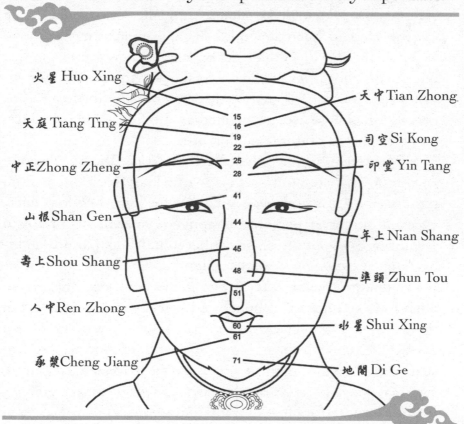

火星 Huo Xing

天庭 Tiang Ting

中正 Zhong Zheng

山根 Shan Gen

壽上 Shou Shang

人中 Ren Zhong

承漿 Cheng Jiang

天中 Tian Zhong

司空 Si Kong

印堂 Yin Tang

年上 Nian Shang

準頭 Zhun Tou

水星 Shui Xing

地閣 Di Ge

15
16
19
22
25
28
41
44
45
48
51
60
61
71

Sus nombres son:

- *Huo Xing* (o quince años en el rostro). Este punto se ubica donde comienza la línea central del cabello con la frente. Es posible que aquellos individuos cuya frente tiene muy baja la línea del cabello tengan este punto escondido entre el mismo.

- *Tian Zhong* (o 16 años en el rostro). Si este punto y el anterior no presentan lunares o cicatrices y si no están cubiertos por vello, indican que la persona tendrá muy buena suerte en general entre los quince y los 16 años de edad, además de que destacará en cuestión de estudios. Si, por el contrario, se encuentran cubiertos de vello o existe un lunar o cicatriz, se interpreta que es una persona con complicaciones para estudiar, con posibilidades de abandonar la escuela y la carrera a edad temprana, con pocas posibilidades de retomar sus estudios en el futuro. En el caso de las mujeres, aquellas que tienen lo que se conoce como "pico de viuda", el cual se forma con una creciente triangular de la línea del cabello en esos puntos, indica que pueden llegar a casarse o a iniciar su vida sexual muy jóvenes (en esa edad). Este tipo de creciente de cabello en estos puntos también se asocia con incompatibilidad hacia el padre, en especial si se presenta en hombres.

- *Tian Ting* (en la frente, debajo de *Tian Zhong*, 19 años de edad en el rostro). Este punto refleja lo que la persona puede o no terminar por sí misma; es decir, aquellos logros en los cuales necesita que otras personas la apoyen, ya sean sus padres o mentores. Si ese punto se presenta redondeado, parejo, sin lunares y sin cicatrices o marcas, significa que la persona siempre obtendrá apoyos externos de gente poderosa durante su vida. Esto se reflejará después de los treinta años de edad; el individuo será apreciado en su aspecto profesional y crecerá con rapidez en su trabajo a corta edad. Por el contrario, si presenta hundimiento, marcas, lunares o cicatrices en ese punto, significa que la persona no obtendrá apoyos de otras personas y tendrá que esforzarse el doble para conseguir al menos la mitad de lo que otros logran. Se encontrará con estas dificultades antes de los treinta años de edad y es difícil que obtenga una buena posición profesional a temprana edad.

- *Si Kong* (en la mitad de la frente, a los 22 años de edad en el rostro). Cuando se presenta una línea profunda horizontal a la mitad de la frente, es decir, entre *Si Kong* y las cejas, la persona experimentará cambios drásticos en lo que se refiere a relaciones a los 25 años de edad. Puede ser un divorcio o separación, incluso un matrimonio. Si la textura es plana y lisa y no hay rayas o marcas en esa zona, indica buenas relaciones en esa etapa de la vida.

- *Zhong Zheng* (se encuentra debajo de *Si Kong* y se ubica a la edad de 25 años en el rostro). Tanto este punto como el anterior reflejan la facilidad o habilidad de destacar en posiciones de gobierno o en empleos administrativos o directivos. Si estos dos puntos destacan de la textura del rostro, es decir, están ligeramente abombados, representan fama, éxito y buen desarrollo profesional, mientras aquellos que tienen una línea, lunar, marca o cicatriz significa que es difícil que la persona obtenga una posición destacada en el gobierno o en puestos administrativos. Podrá destacar si abre negocios propios o desarrolla actividades que no involucren preparación universitaria.

- *Yin Tang* (se ubica entre las cejas, a los 28 años de edad en el rostro). Este meridiano es muy importante en la interpretación y lectura del rostro, ya que representa la esperanza y el optimismo de la persona. Si este punto es abultado, sin líneas, lunares, marcas o cicatrices y sin vello de cejas, o si el pico de viuda de la línea del cabello no apunta hacia abajo, indica a una persona optimista, positiva, activa y adaptable ante las circunstancias que se le presenten en la vida. Es una persona que realiza sus sueños y alcanza sus metas. Por el contrario, si tiene hundimiento, coloración anormal, lunar, marca o cicatriz, si tiene cejas o si el pico de viuda de la línea del cabello apunta hacia abajo, significa que se trata de una persona pesimista, con actitud negativa hacia la vida y con dificultades para alcanzar sus metas. No es muy adaptable a los cambios y buscará trabajar en entornos donde no tenga que interactuar con muchas personas. Le cuesta trabajo dejar sus problemas en el pasado y siempre carga con dificultades y quejas. En este caso, una depilación de cejas y del pico de viuda puede apoyar.

- *Shan Gen* (se encuentra en el puente de la nariz, entre los ojos, y se asocia con los 41 años de edad en el rostro). Este punto es decisivo para interpretar el tema del matrimonio. Si esta área presenta hundimiento, representa mal karma y mala relación con el cónyuge. En una mujer significa que puede ser la segunda esposa, incluso que trabajará mucho durante toda su vida por su marido. Si este meridiano se encuentra muy abultado o muy elevado indica que es una persona con alta autoestima y dificultad para relacionarse con una pareja. En hombres no es tan negativo, pero en mujeres puede representar que se mantengan solteras durante toda su vida. La forma ideal de este punto es ni muy alto ni muy hundido, lo cual reflejará que la persona tendrá buenas relaciones sociales y de pareja. Si se presenta alguna línea, cicatriz, lunar o marca en ese punto significa que la persona vivirá lejos de su lugar de origen y será incompatible con su pareja. Los conflictos serán más obvios y fuertes a los veinte, 29, 38 y 41 años de edad. Podemos buscar el equilibrio con apoyo en nuestro entorno mediante el énfasis en el Suroeste. Este sector cardinal, desde la perspectiva del Feng Shui, se asocia con el matrimonio y las relaciones sentimentales. Se representa con el elemento tierra, por lo cual la integración de objetos de barro, porcelana o talavera grandes y pesados (para asociar lo pesado con estabilidad y consolidación) ayudará a lograr el equilibrio en esta tendencia indicada por el rostro.
- *Nian Shang* (se ubica en los 44 años de edad en el rostro).
- *Shou Shang* (se ubica y refleja la suerte en los 45 años de edad en el rostro). Ambos puntos se ubican debajo de *Shan Gen* y

por lo general coinciden con el hueso de la nariz o el puente de la misma. Ambos puntos trabajan juntos para reflejar los problemas de salud y otras situaciones. Lo ideal es que ambos puntos sean suaves en textura, rectos, altos, fuertes y sin protuberancias, lunares, líneas o cicatrices. Una protuberancia en el hueso no es tan negativa en hombres, pues significa que la persona es demasiado competitiva y poco paciente. Cuando se presenta en mujeres representa desconfianza que reflejará en su relación con los hombres. Con frecuencia sospechan engaños sentimentales y se comportan obsesivas hacia su pareja. Tienen malas relaciones amorosas. Si este es tu caso, una manera de apoyarte en tu entorno para equilibrar la actitud es, si eres hombre, decorar tu espacio con tendencia yin, y si eres mujer, se sugiere que integres en su entorno figuras pesadas de parejas o en pares (una vez más el concepto de balancear con objetos pesados para promover sensación de estabilidad). La presencia de un lunar en esos puntos, tanto en hombres como en mujeres, significa salud frágil durante toda su vida, además de incompatibilidad con la pareja. Al referirnos al entorno, el aspecto de la salud se representa en el centro de las construcciones. Se sugiere mantener ese espacio limpio, ordenado e iluminado y colocar plantas naturales que ayudarán a promover una atmósfera saludable. La presencia de líneas horizontales en esos puntos significan que la persona se verá envuelta a menudo en cuestiones legales, incluso con peligro de ir a prisión. Líneas verticales en esos puntos significan problemas matrimoniales o de salud constantes de su pareja; también significan que la persona vivirá lejos de su lugar de origen. Manchas oscuras pueden aparecer de vez en cuando en esos puntos. Si aparecen en *Nian Shang*, alguien de la familia se encuentra enfermo, mientras que si la mancha aparece en *Shou Shang*, significa que la persona es quien está enferma. Los niños a los que se les ven las venas en el tabique de la nariz tienen salud frágil, por lo cual es importante apoyarlos con buena alimentación y buen descanso que fortalezca su energía o *Chi* personal. Un aspecto de apoyo en el entorno, en lo que a salud se refiere, es la presencia de una cabecera sólida y dos mesas de noche. En el estudio del Feng Shui, el respaldo de una persona en el lugar donde vive, donde duerme, donde se alimenta, donde estudia o trabaja, tiene conexión y enfoque directo con la estabilidad, la consolidación, la salud y el ahorro. Las mujeres que tienen un hundimiento en esos puntos por lo general no son la primera esposa o viven problemas matrimoniales frecuentes. Sus esposos tendrán tendencia a ser alcohólicos, apostadores, jugadores o les gustarán las prostitutas. Los hombres que tiene un hundimiento en estos puntos no serán ricos y tenderán a perder y gastar el dinero en exceso.

○ Punta de la nariz (se ubica en los 48 años de edad en el rostro). Indica la capacidad de riqueza de una persona entre los treinta y cincuenta años de edad. Si la punta de la nariz es redondeada y grande significa buena suerte en la riqueza, aunque la persona tendrá que trabajar para obtenerla. Una nariz puntiaguda con fosas nasales visibles significa buena suerte para atraer dinero; sin embargo, la persona lo gasta con rapidez y facilidad, por lo cual se queda sin ahorros. No acumula la riqueza. La nariz con tabique corto indica una persona incapaz de ahorrar, mientras si el puente es largo indica una persona con facilidad para ser rica. Un lunar en la punta de la nariz significa que la persona tendrá un hijo exitoso, pero puede sufrir de hemorroides. Líneas en la punta de la nariz significan que la persona sufrirá pérdidas financieras durante toda su vida, en particular a los veinte, 29, 38, 47 y 48 años de edad. En lo referente a construcciones, los aspectos financieros se asocian con la parte frontal y trasera de la construcción. El frente se relaciona con oportunidades y la parte trasera, como ya hemos mencionado, con consolidación, estabilidad y ahorro. Para apoyar el aspecto del ahorro y para equilibrar la tendencia a pérdidas financieras, coloca objetos pesados, sólidos y altos en la parte trasera de la construcción. Si buscas apoyarte con las direcciones cardinales y su asociación en un espacio, el Sureste corresponde al sector cardinal representante de la riqueza. Coloca en ese sector cardinal los objetos pesados.

- Filtrum (se ubica en los 51 años de edad en el rostro). Se refiere a la cuevita que se forma entre la base de la nariz y el labio superior. En este meridiano se interpreta cómo vive la persona, cuántos hijos tendrá y si su primer hijo es niño o niña. Un filtrum largo y profundo significa larga vida, mientras un filtrum pequeño y corto significa una vida corta y mala salud en la edad adulta. El filtrum tiende a alargarse con el tiempo. Un filtrum amplio y profundo significa que la persona tendrá muchos hijos y no tiene problemas de fertilidad. Un filtrum delgado y superficial indica que la persona tendrá pocos hijos y presentará infertilidad. Si el filtrum es picudito significa que el primer hijo es niño. Si el filtrum es redondeado indica que el primer hijo es niña.

- Boca (se ubica en los sesenta años de edad en el rostro). En este punto se interpreta la conducta sexual, los hábitos alimenticios y la credibilidad de una persona. Se considera una buena boca aquella que tiene los labios superior e inferior de igual tamaño y simétricos hacia ambos lados. El labio superior representa el amor espiritual, mientras el inferior representa amor físico. Las personas que tienen el labio superior más ancho suelen tener relaciones analíticas y mentales, además de que son utópicas y soñadoras en el amor. Las personas que tienen ancho el labio inferior significa que buscan el placer físico y el sexo. Las personas que tienen ambos labios de igual grosor otorgan igual importancia al amor espiritual y al placer físico. Los individuos que tienen labios gruesos por lo general son callados y no muy buenos oradores, mientras las personas de labios delgados hablan demasiado. Para interpretar la credibilidad en una persona, observa sus dientes y su boca al mismo tiempo. Los labios simétricos con dientes limpios y grandes representan a una persona confiable, aunque tiende a exagerar.

○ *Cheng Jiang* (se ubica en el hundimiento que está entre el labio inferior y la barbilla). En este punto se interpretan los problemas alimenticios de la persona, así como sus hábitos en cuanto al consumo de alcohol. Si este hundimiento es profundo, significa que la persona no tiene problemas digestivos y que es buena bebedora. Por otro lado, si este punto es plano, significa que la persona se emborracha con mucha facilidad. La presencia de líneas, cicatrices o lunares en este punto implica problemas constantes con el aparato digestivo y tendencia a intoxicarse y envenenarse.

○ La barbilla (se ubica en los 61 años de edad en el rostro). Una barbilla redondeada y marcada indica buena suerte en la vejez, con cariño y muestras de aprecio de sus familiares, así como alegría. La barbilla también refleja la importancia que tiene la familia para una persona. La barbilla redonda y marcada significa que la persona ama estar en casa y se preocupa por su familia. Por el contrario, una barbilla puntiaguda y delgada indica una persona con tendencia a la soledad y a la tristeza en la vejez. Es una persona con poca convivencia familiar. Las mujeres que tienen barbilla delgada y puntiaguda tienen problemas para adaptarse a una vida en matrimonio, ya que no les gusta estar en casa. Cuando la barbilla tiene un hundimiento en el centro indica que la persona tendrá tendencia al divorcio si se casa muy joven. Si se casa en la madurez no se dará el divorcio. Un lunar en la barbilla significa que la persona siempre tendrá problemas con goteras y fugas de agua en su casa, lo cual se reflejará en problemas para ahorrar y conservar el dinero y la salud.

los puntos planetarios en el rostro y en tu espacio

五星

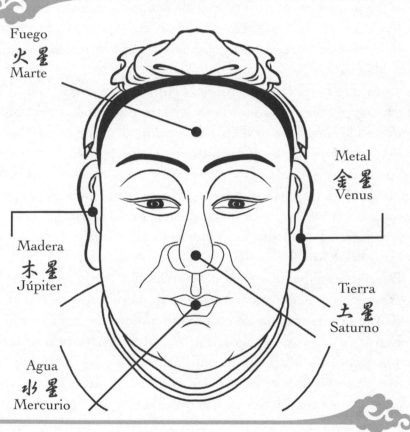

Fuego
火星
Marte

Metal
金星
Venus

Madera
木星
Júpiter

Tierra
土星
Saturno

Agua
水星
Mercurio

algunos rasgos faciales se asocian con puntos planetarios, es decir, representan un planeta en particular y su estudio se basa en la coloración y tonalidad de la piel. Cada planeta se asocia con aspectos de vitalidad y fortuna en la persona, así

Conócete a ti mismo y a los demás...

como con un sector cardinal al relacionarse con uno de los cinco elementos de la metafísica china. Si el color del rasgo es adecuado, la vitalidad es fuerte y las metas se lograrán con facilidad en ese momento de la vida. Si el color es inadecuado, la vitalidad es poca y la suerte no está de tu lado. Puedes apoyarte con el sector cardinal asociado de tu espacio y reforzar esa energía de vitalidad y fortuna.

Júpiter (estrella de madera). Oreja derecha. El color ideal para las orejas es rosado blanco, ligeramente más claro que la cara. Si las orejas están enrojecidas o grisáceas indica mal momento y poca vitalidad. Revisa la oreja izquierda para asuntos que requieran buen juicio y sensatez, y para tomar decisiones con sabiduría.

En lo que respecta a sectores cardinales, corresponde al Este. Al asociarse con el elemento madera, puedes apoyar esa energía mediante la integración de plantas naturales, frondosas y sanas.

Venus (estrella de metal). Oreja izquierda. La vitalidad de Venus se asocia con la gracia y su fortuna se refleja en estatus, por lo cual es importante observar esta oreja para asuntos relacionados con mejorar o empeorar posiciones laborales, sociales o jerárquicas. El color ideal es rosado blanco, ligeramente más claro que el rostro.

En lo que respecta a sectores cardinales, corresponde al Oeste. Al asociarse con el elemento metal, puedes apoyar esa energía mediante la integración de objetos metálicos de forma circular.

Marte (estrella de fuego). La frente. La fortuna de Marte se asocia con la aventura y su vitalidad es la actividad. Observa tu frente para asuntos que requieran esfuerzo físico y acción. El color ideal es rosado. Si está enrojecida, indica conflictos; si está muy pálida, manifiesta poca energía para actividades que requieran fuerza y vigor.

En lo que respecta a sectores cardinales, corresponde al Sur. Al asociarse con el elemento fuego, puedes apoyar esa energía mediante la integración de velas de color rojo.

Saturno (estrella de tierra). La nariz. La fortuna de Saturno radica en la seguridad y su vitalidad es la quietud. Observa la nariz para asuntos que involucren seguridad emocional y económica y para pendientes que requieran paciencia y espera. El color idóneo es dorado bronce. Si la nariz es rojiza o pálida, indica situaciones adversas asociadas con la seguridad y la estabilidad.

En lo que respecta a sectores cardinales, corresponde al centro. Al asociarse con el elemento tierra, puedes apoyar esa energía mediante la integración de objetos de barro, porcelana o cerámica.

Mercurio (estrella de agua). La boca. La fortuna de Mercurio es la riqueza y su vitalidad es la flexibilidad. Observa la boca para asuntos relacionados con dinero y con lo que requiera flexibilidad y adaptabilidad. Si los labios están pálidos o morados, el color no indica buena fortuna. Retrasa tus asuntos hasta que los labios adquieran un mejor color; lo ideal es el tono rojizo rosado, sin heridas y de textura lisa.

En lo que respecta a sectores cardinales, corresponde al Norte. Al asociarse con el elemento agua, puedes apoyar esa energía mediante la integración de un tazón con agua, una pecera o un estanque.

las casas estelares en el rostro

Los Doce Palacios o Casas Estelares

de acuerdo con su tradición, los maestros chinos difundieron la idea de que existen doce puntos en el rostro que corresponden con influencias cósmicas vinculadas con el destino de las personas. El color de la piel debe de ser brillante en el palacio; si la piel se encuentra opaca, si el color es oscuro o si presenta hundimientos o granitos es posible que se tengan retrasos o decepciones asociados con el palacio donde se encuentran.

Los maestros chinos llamaron Casas Estelares a estas doce zonas del rostro. Cada una de ellas revela potenciales y posibilidades para encarar y solucionar cuestiones de la vida. El lado izquierdo se asocia con los bienes que emites y el derecho con los bienes que recibes. A continuación presentamos el significado de las Doce Casas Estelares. Estos Doce Palacios gobiernan los doce aspectos de la vida de una persona.

官 禄 宫

Casa 1

La Casa 1 es conocida como la Casa de los Logros. Se encuentra en el centro de la frente, debajo de la línea del cabello. El color que favorece a esta área es el rosado brillante. Cuando una persona quiere realizar o terminar un proyecto con éxito, conviene que observe el estado de la Casa 1 en la frente. Si se ha dado un golpe, lo recomendable es que postergue la decisión hasta que el efecto del golpe desaparezca y se presente un momento más propicio. También se le conoce como el palacio o casa de la carrera o profesión. Indica el tipo de trabajo que la persona puede desarrollar. El primer punto para analizar en esta casa o palacio es la altura o largo de la frente. Entre más larga y alta sea, mejor. Si tu frente mide menos de cinco dedos se considera una frente pequeña. Lo ideal es una frente amplia, mínimo de cinco dedos, sin granitos, marcas, cicatrices o protuberancias. Debe ser alta y suave. Esto generará personas exitosas en carreras políticas o que escalarán altos niveles en grandes corporativos y empresas. Entre más protuberancias tenga esta casa, más obstáculos se presentarán, sobre todo si se busca escalar en la política. La frente ideal para una buena posición en la política y el servicio público es alta y cuadrada. Para dirigir empresas y grandes corporaciones, la frente alta y redondeada es la adecuada.

Una frente pequeña pertenece a las personas que no nacieron para trabajar en grandes corporativos o en política. Su fuerte es la habilidad para desarrollar y llevar a cabo acciones; es decir, son individuos prácticos, audaces y activos. Se desarrollan mejor en el trabajo físico que en el intelectual. Son personas que inician su vida laboral en la juventud.

Si la persona tiene protuberancias en la frente, indica que su pensamiento es lento. Si su frente es protuberante y la barbilla retrocede, la persona piensa lento pero actúa con rapidez. Si la frente es protuberante pero la barbilla también lo es, describe a una persona lenta para pensar y también para actuar. Si la frente se inclina hacia atrás en la parte superior describe a una persona que piensa rápido. Cuando buscamos entablar canales de comunicación con otra persona, observar su frente es importante porque nos ayudará a definir el ritmo de la plática. La empatía está muy ligada con la conexión intelectual. Al detectar si la persona con la que conversas es de pensamiento lento, es adecuado invertirle tiempo y hablar de manera pausada y detallada, lo cual permitirá desmenuzar la información a su ritmo. Si la persona es de pensamiento rápido, enfócate en una conversación práctica, clara y directa, sin rodeos.

Cuando la frente presenta venas visibles, describe a individuos con gran inteligencia y tendencia espiritual. Pueden ser sacerdotes o teólogos.

Una cicatriz en la frente puede representar daño en la actividad o en el futuro profesional de una persona. Se refleja en obstáculos constantes para sobresalir en esta área. Si este es tu caso, puedes apoyarte en tu entorno para equilibrar este aspecto. Recurre a la asociación energética de los sectores cardinales con la cuestión aspiracional: el Norte representa la profesión. Este sector cardinal se representa con el elemento agua, por lo que te sugerimos colocar una pecera o algún objeto con agua en el Norte para buscar el equilibrio profesional.

Cuando en este palacio o casa aparecen manchas oscuras significa que la persona va a cambiar o a perder su trabajo.

Casa 2

La Casa 2 es conocida como la Casa de los Padres. Esta casa se repite a ambos lados de la frente. Cada uno corresponde a uno de los padres: el izquierdo al padre y el derecho a la madre. Si el hueso frontal es visible en estas áreas, denota que la persona ha recibido una buena educación gracias a la ayuda de sus padres. La piel rosada en esta área es muy propicia. Si buscas aprobar exámenes, es importante observar estos dos palacios. Debes tener cuidado si se presentan muy pálidos o rojizos.

A esta casa o palacio también se les conoce como la posición del sol y la luna: el sol representa al padre y la luna a la madre (yin/yang). También indica la relación de una persona con sus padres; incluso, en algunas circunstancias, la salud de los progenitores. Si se encuentran protuberancias, cicatrices o marcas en esa casa, indica problemas con los padres. Si se presentan del lado del padre, significan que la persona no recibirá apoyo de él durante el desarrollo de su vida. De igual manera, si se presentan en el lado de la madre, la persona no recibirá apoyo alguno por parte ella durante el desarrollo de su vida.

Si los dos lados son asimétricos, uno respecto del otro, indica que la relación de los padres entre sí es pobre y conflictiva.

Cuando la línea del cabello presenta pequeños vellos o salientes de cabello de bebé significa que la persona genera mala suerte a sus padres; es decir, vive en constante desacuerdo con alguno de ellos.

Hemos mencionado la asociación del dragón verde y el tigre blanco con la energía masculina y femenina, respectivamente. Esta asociación también puede darse con el padre y la madre. Para apoyarnos con el entorno a equilibrar situaciones, recomendamos analizar el lado izquierdo y derecho de una construcción, reforzar, darle mayor altura o destacar el lado izquierdo para fortalecer la relación y la imagen paterno–materna de los habitantes del lugar. En lo que a sectores cardinales corresponde, desde la perspectiva del Feng Shui, el Noroeste representa la energía del padre y el Suroeste la energía de la madre. El Noroeste se asocia con el elemento metal y el Suroeste con la tierra. Puedes fortalecer esos sectores mediante la integración de objetos metálicos redondos y objetos de cerámica, barro o porcelana, con el objetivo de equilibrar y fomentar una atmósfera de mayor armonía con el padre y la madre.

兄 弟 宮

Casa 3

La Casa 3 es conocida como la Casa de los Hermanos. Esta casa está localizada en dos lugares del rostro: arriba de las cejas. El lado izquierdo corresponde a los hermanos y el lado derecho a las hermanas. Cuando nos referimos a los hermanos y hermanas, es importante señalar que también se hace alusión a los amigos. Un hueso frontal prominente en el área de la Casa 3 es señal de triunfos en la vida pública y éxito social. El color adecuado es rosáceo brillante.

Las cejas que son más largas que los ojos indican que la persona tiene cuatro o más hermanos. Si el tamaño es igual o menor que los ojos, la persona tiene menos de cuatro hermanos.

Si el vello de las cejas es noble y suave, crece hacia una misma dirección y su espesor es moderado, quiere decir que la persona tendrá apoyo constante de buenos amigos y hermanos. Si el vello de las cejas crece en sentido opuesto y rebelde, significa problemas fuertes y constantes con amigos y hermanos. Cejas muy densas o gruesas determinan una relación variable con los hermanos y amigos, de vez en cuando es buena y de vez en cuando es mala.

En las cejas también puede interpretarse la salud de los hermanos y amigos cercanos a la persona. Una cicatriz o cortadura en la ceja significa problemas graves de salud, del corazón o peligro extremo. Si es la ceja derecha se refiere a una hermana; si es la izquierda se refiere a un hermano.

En aquellos casos en los cuales las cejas son disparejas, es decir, una es más alta que la otra, indica que es posible que la

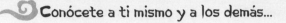
persona tenga medios hermanos o medias hermanas. Analizar la casa de los padres y el nivel de las orejas ayudará a confirmar este particular; es decir, si las orejas están a diferente altura (una más alta que la otra), este pronóstico se confirma.

Casa 4

Esta casa es conocida como la Casa de los Viajes. Se localiza en los extremos exteriores de la frente y corresponde a la energía de posibles viajes. El área izquierda está relacionada con viajes de vacaciones, negocios o traslados en el trabajo. El área de la derecha se refiere a visitas de amigos o familiares lejanos. El color adecuado es rosáceo brillante; los tonos oscuros o verdes indican que los planes no tendrán buenos resultados.

Si la casa de los viajes tiene algún abultamiento, indica que la persona obtendrá dinero a través de viajes o de trabajos que requieran que la persona se traslade a otros lugares con frecuencia.

福德宮

Casa 5

La Casa 5 es conocida como la Casa de la Suerte, el palacio de la alegría y la buena fortuna. Ocupa dos lugares: en ambas sienes. El área izquierda corresponde a la felicidad; el lado derecho corresponde a la suerte. Debido a que la suerte es un factor importante en nuestras vidas, es importante observar la Casa 5. Si muestra una tonalidad rosada, es indicación favorable. Si la tonalidad es rojiza, es desfavorable: evita apostar dinero o iniciar proyectos que dependan de la suerte. Si te gusta apostar o los juegos de azar, debes observar estos dos palacios. El lado izquierdo es la suerte que tú te generas a través de tus acciones y el lado derecho es la suerte que te llega del cielo o del destino. Una persona con un constante tono rojizo en esa área indica adicción a las apuestas. Si vas a iniciar un negocio en sociedad, observa la Casa 5 de tu posible socio y también la tuya.

Si se presentan líneas en esa casa, la persona encontrará constantes obstáculos y dificultades para sentirse feliz y satisfecha; además hablan de una persona con moral poco firme o de principios no muy sólidos. Si esta casa presenta huesos protuberantes, la persona es dura y exigente consigo misma, siempre detrás de la perfección. Si esta casa o palacio tiene cicatrices o líneas que la atraviesan, indica que la persona es compleja y tiene dificultades para relacionarse con otros; le cuesta trabajo hacer amistades por su opinión firme y dura hacia los demás. Es difícil negociar con este tipo de personas, pues les hace falta flexibilidad. Observa esta casa en aquellas personas con quienes pretendas trabajar en equipo o en sociedad.

Casa 6

La Casa 6 es conocida como la Casa de las Pertenencias y tiene dos áreas, ubicadas entre el borde inferior de las cejas y los ojos. Se relaciona con todo lo que corresponde a activos, bienes inmuebles y pertenencias personales. Se debe observar antes de comprar o vender propiedades u objetos importantes. El lado izquierdo se asocia con la compra de casa y el lado derecho con la decoración interior y con los muebles. Lo ideal es que sean zonas firmes y carnosas, con brillo y luminosidad. Si el área está hinchada, no es buen augurio y representa gasto excesivo de dinero. Si está seca, con líneas o sin color, indica tener cuidado. Si el área es huesuda y muy hundida, indica que la persona necesita ayuda en el manejo de los bienes, ya que puede ser su peor enemiga. El párpado izquierdo se asocia con herencias paternas de bienes. El párpado derecho se asocia con herencias maternas de bienes.

Esta casa representa también tu hogar, el lugar donde vives. Si el párpado es bien definido, indica una buena casa, sin problemas y con buenas condiciones de vida. Si el párpado es estrecho entre el ojo y la ceja significa que la persona prefiere vivir en una casa pequeña, ya sea condominio o departamento. Si el párpado es amplio, significa que el individuo prefiere vivir en una casa grande, con jardines y amplitud.

Si las cejas son bajas y crecen hacia el párpado, principalmente en hombres, significa que su carrera se verá afectada con frecuencia, perderá sus logros y tendrá que volver a empezar una y otra vez. Este hombre teme a su esposa y es dominado muy fuertemente por ella. En este caso, sugerimos apoyarse con el entorno: resaltar el lado izquierdo de la construcción y también de su cama, con una mesa de noche alta para fortalecer la sensación de seguridad. Recordemos que el lado izquierdo se refiere a la energía masculina.

La presencia de manchas o sombras alrededor de los ojos indican falta de alegría en casa y problemas domésticos. Recomendamos integrar decoración con energía yang para equilibrar y promover una atmósfera más alegre.

Casa 7

La Casa 7 es conocida como la Casa del Matrimonio. Esta casa tiene dos sectores, situados en los extremos de los ojos, en el área conocida como "patas de gallo". El área de la izquierda corresponde a la pareja y los hijos; el área derecha corresponde a las relaciones personales y extramatrimoniales. Si estas áreas muestran una textura suave en una pareja, es indicación de un matrimonio feliz y estable. Si existen muchas arrugas, pudieran ser presagio de problemas en el matrimonio. Si estas líneas están muy marcadas en personas jóvenes, indican tendencia a la promiscuidad. Si en el Palacio del Matrimonio se presenta hundimiento, significa una relación no satisfactoria ni feliz con la pareja.

En un hombre, si el Palacio del Matrimonio se encuentra abultado y sobresaliente, indica que buscará una esposa dominante y mandona.

Si el hombre presenta líneas tipo patitas de gallo hacia arriba en el Palacio del Matrimonio, significa que es coqueto y seductor que disfruta de atraer la atención de las mujeres. Puede llegar a tener problemas serios que lo lleven a divorcios debido a romances extramaritales. A estas líneas también se les llama "cola de pescado".

Casa 8

La Casa 8 es conocida como la Casa de los Hijos. Esta casa tiene dos sectores ubicados debajo de los ojos. El área izquierda corresponde a los hijos varones y los hijos nacidos del matrimonio presente. El área derecha corresponde a las hijas y los nacidos de matrimonios anteriores, extramatrimoniales y adoptados. Indican fertilidad, la posibilidad de tener hijos y cómo los tratarán los padres. Estas zonas representan la capacidad reproductiva:

- Brillan cuando la mujer está embarazada.
- Si son oscuras, indican complacencia sexual.
- Si están muy abultadas, indican aspectos negativos relacionados con la sexualidad y la salud sexual.

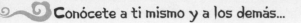
⊙ Si están muy planas, indican poca fertilidad, sobre todo si se ven verdes, grises o moradas.

Si los ojos no se perciben hundidos, si la piel debajo de ellos es rosada y sana y si no hay ojeras oscuras significa que los hijos son personas capaces que mantendrán el buen nombre de la familia. Si se presentan manchas oscuras o sombras en el área de las ojeras indican hijos desobedientes e irrespetuosos, además de ser demasiado dependientes y demandantes hacia los padres. En las mujeres pueden significar obsesión y paranoia respecto de los hijos. Si a la mamá le aparece una pequeña mancha oscura justo debajo de un ojo significa un pequeño problema que se resolverá con algún hijo. Si es en el lado derecho, se refiere a una hija; si es en el lado izquierdo, se refiere a un hijo. Si aparecen manchas blancas debajo de un ojo advierten un posible peligro para los hijos.

Casa 9

La Casa 9 es conocida como la Casa de la Vida. Esta casa estelar ocupa un área en la frente, situada entre las cejas o entrecejo. Los antiguos filósofos chinos y de otras culturas han denominado a esta área como el Tercer Ojo, el Asiento del Corazón Universal y el Ojo de la Divinidad Cósmica. Su facultad es la percepción de fenómenos trascendentales a través del sexto sentido o intuición. La tonalidad más propicia de la Casa de la Vida es el rosado, como una suave brillantez. Se le llama el Sello de Aprobación e indica la llegada de la madurez. Se debe observar cuando se busca aprobación, el logro de una empresa importante o un cambio de vida determinante. Expresa la energía interna y la vitalidad para emprender la búsqueda de éxito. Es una casa muy importante, ya que representa al Palacio de la Vida. La calidad de vida de una persona se interpreta en esta casa (prosperidad, salud, inteligencia y riqueza). Si esta casa no se encuentra en buen estado, la calidad de vida de la persona será desfavorable, aun cuando otros rasgos indiquen lo contrario. Para que sea adecuada, lo ideal es que quepan dos dedos entre ceja y ceja. Si esta casa es angosta (si solo cabe un dedo entre las cejas), indica que la persona tiene una pobre calidad de vida. Podrá tener dinero, pero mala salud; podrá tener riqueza, pero nada es suficiente. Estas personas siempre se sienten rodeadas de problemas y devaluadas frente a los demás. Piensan que la vida no es justa con ellas y tienden a ser pesimistas y negativas. Se estresan a menudo, ya que siempre están insatisfechas y no disfrutan de la vida. Estas características se reflejan en una mentalidad cerrada y conflictiva. Por el contrario, si esta casa es amplia (dos dedos entre ceja y ceja), si su textura es lisa y la piel rosada y sana, indica personas optimistas y capaces de transformar cualquier circunstancia adversa en positiva. Estos individuos disfrutan de la vida, incluso si no son ricos. Alcanzan sus metas con facilidad, la vida es suave y relajada, son de mentalidad abierta y capaces de salir adelante en situaciones difíciles. Si este palacio o casa no se ve rozagante y tiene huesos protuberantes a los lados, significa que la persona debe trabajar mucho para lograr metas muy simples, que le cuesta mucho esfuerzo obtener dinero y buenas relaciones.

Además de interpretar la calidad de vida de una persona en este palacio, podemos interpretar la vida en familia y la armonía en su hogar. Si el palacio es angosto, denota una vida familiar fría. Si el palacio es amplio, indica una familia con valores y un ambiente íntimo cálido y armonioso.

Resulta difícil comunicarse de manera clara con personas que tienen poco espacio en este palacio. Por más que busques una negociación, nada las va a convencer, todo lo van a malinterpretar y su actitud será de victimizarse o quejarse. Se puede apoyar con la depilación y limpieza de vello en ese palacio.

Si esta casa es demasiado amplia (tres dedos entre ceja y ceja), denota una persona demasiado generosa y espléndida que no le otorga valor o importancia a los eventos y aspectos relevantes en su vida. No sabe tomar decisiones ni resolver situaciones. El manejo de su economía es pobre, no valora su autodesarrollo ni le interesa mejorar su cultura o elevar su nivel de vida.

Las arrugas que se forman por fruncir el ceño afectan este palacio. Cuando se presentan arrugas en esta casa indican situaciones constantes de inestabilidad e indecisión en la vida de la persona, demasiado estrés y angustia para definir su camino. Representan soledad y la persona siempre se siente bajo presión, frustrada e incomprendida por aquellos que la rodean. La presencia de una sola arruga vertical en este palacio indica soledad en el matrimonio y separación. Si se presenta en mujeres, puede significar viudez o abandono por parte del marido y los hijos, así como poca afinidad con ellos. La presencia de esta línea en un hombre significa que está alejado de la familia.

Es recomendable evitar fruncir el ceño y dar masaje en esa área de manera constante, además de meditar.

Si este palacio o casa se presenta hundido indica que la persona se deprime con demasiada facilidad y los demás la oprimen y la limitan, se desmotiva con facilidad y no tiene metas o planes para su vida o futuro. En lo que se refiere al entorno, se sugiere decorar su espacio con tendencia yang para equilibrar este aspecto.

Al analizar este palacio es importante observar el crecimiento de las cejas; si es hacia el Palacio o Casa de la Vida denota a una persona ególatra e incapaz de desarrollar lo que busca. Sufre de excesiva ambición y siempre termina por experimentar depresiones y caídas por no poder alcanzar sus metas.

Casa 10

La Casa 10 es conocida como la Casa de la Salud. Esta casa estelar está localizada entre los ojos, en la raíz de la nariz. Esta área denota la capacidad vital del individuo. La presencia de una tonalidad rosada en esta área es muy favorable. Tonalidades oscuras en esta zona son de cuidado. Es importante la observación de esta zona, especialmente en días previos a alguna cirugía o al comienzo de algún tratamiento médico. También se asocia con la salud de los que viven con esa persona.

La presencia de líneas en esta casa o palacio, ya sean verticales u horizontales, cuando la persona sonríe, indica problemas constantes de salud. Si el puente de la nariz es delgado y presenta sombras a los lados indica problemas con los huesos de la espalda. Si aparecen venas o líneas rojizas en la nariz, se interpreta como problemas relacionados con la sangre. Si existe la presencia de un nudo o protuberancia chica en el punto de esta casa o palacio significa que la persona padece problemas digestivos. En lo referente a cuestiones de salud, desde la perspectiva del Feng Shui, es recomendable apoyarse en el respaldo de la construcción, de la cama, de la silla donde se trabaja y en el centro de la construcción. Se sugiere colocar objetos pesados y sólidos en la parte trasera de la construcción; que la cabecera sea sólida, de preferencia de madera, y que la silla tenga un respaldo alto y sólido. Se sugiere mantener el centro de la construcción limpio, iluminado y ordenado.

Casa 11

La Casa 11 es conocida como la Casa de la Riqueza. Esta casa está ubicada en la punta de la nariz. Todas las decisiones o actividades económicas están vinculadas con esta área. La mejor

tonalidad para esta zona es el rosado, durazno o beige broncea-
do. Una tonalidad rojiza es desfavorable, pues indica impulsividad y extravagancia en el manejo del dinero. Un tono verdoso
indica pérdida de dinero. Si tu nariz es muy pálida, blanca o verdosa, debes cuidar el dinero. Una buena nariz es aquella que no
está rota ni desviada. Su apariencia debe ser fuerte, sólida, recta
y firme. No es recomendable que se vea huesuda, ganchuda o
puntiaguda.

Las personas de nariz carnosa (no en exceso) son placenteras
y de buenas intenciones en la vida. Si es muy carnosa, la persona
caerá en el hedonismo. Las personas de nariz delgada son egoístas y guardan una que otra mala intención. Pueden caer en la
envidia hacia los demás. La punta de la nariz indica la capacidad
de generar riqueza y las fosas nasales la capacidad de retenerla.
Una punta redondeada habla de una gran capacidad para obtener riqueza. La punta delgada o encorvada indica una capacidad
limitada de generar riqueza. Las fosas nasales visibles indican
poca capacidad para retener el dinero; las fosas nasales no visibles indican a una persona cuidadosa del dinero, capaz de ahorrarlo y de obtener grandes fortunas.

Una nariz grasosa o con cicatrices no es muy adecuada, pues
se refleja en riqueza que se despilfarra.

Si las líneas que bordean las fosas nasales son muy marcadas,
indican que la persona es capaz de recibir mucho dinero pero
incapaz de ahorrarlo, además de que tiende a llenarse de deudas.

Desde la perspectiva del Feng Shui, la energía del dinero se
relaciona con el sector cardinal Sureste. Hemos compartido que
lo pesado y sólido representa concretar, consolidar y retener;
por consiguiente, sugerimos colocar uno o varios objetos pesados en este sector cardinal para equilibrar los aspectos que indica la nariz en relación con el dinero.

La nariz de una mujer representa a su esposo. Si la nariz
presenta algún problema, esto se va a reflejar en su marido o
matrimonio. La presencia de un lunar o marca en la nariz sig-

nifica problemas de salud y posible infidelidad del marido. Si el puente de la nariz es recto y sólido indica un marido estable y capaz.

Una nariz muy pequeña en una mujer puede indicar que es la segunda esposa o la amante.

Una mujer con una nariz sólida, firme, sin desviaciones ni marcas, con la punta carnosa y redondeada y con fosas nasales visibles se casará con un buen hombre rico. Una mujer con la nariz desviada indica un esposo envuelto en actividades de alto riesgo o ilícitas. Es un efecto reflejo: observa la nariz de tu esposa y te indicará tu suerte en asuntos de dinero.

En cuestión de negociaciones y canales de comunicación, observa la nariz de la otra persona: nariz grande indica persona líder, difícilmente manipulable, más bien, manipuladora, que busca obtener beneficios económicos en todo lo que realiza y no suele soltar el liderazgo. La nariz pequeña indica a una persona moldeable, que se adapta a recibir guía, sugerencias y órdenes, y a quien se le facilita trabajar en equipo.

Casa 12

La Casa 12 es conocida como la Casa de la Vida Diaria.

Esta casa está ubicada a los extremos del labio inferior.

Esta área del rostro está relacionada con las actividades diarias en la casa u oficina; entre otras: contratar servicios o reparaciones y cocinar. Es conveniente observar esta zona del rostro cuando queremos contratar algún servicio o reparación en la casa u oficina.

En este palacio o casa se interpreta la relación con las personas que están a tu servicio, desde la asistente del hogar hasta el jardinero.

Es importante que no se presenten arrugas que atraviesen el palacio. Si las hay, significa que la estructura está rota y hay constantes problemas con sirvientes, empleados y personas que trabajen para ti. Insistimos en que si queremos apoyarnos con nuestro entorno para equilibrar este tipo de situaciones, la sugerencia es emplear objetos pesados o estructuras sólidas; en este caso, la energía que se asocia con proveedores, clientes y personas que nos asisten se relaciona con el sector cardinal Noroeste. Integrar objetos pesados o estructuras sólidas en este sector cardinal ayudará a equilibrar la tendencia que indica el rostro.

Cuando hay espacio entre el labio y la barbilla indica un buen Palacio de la Vida Diaria, lo que significa una buena vida rodeado por buenos colaboradores.

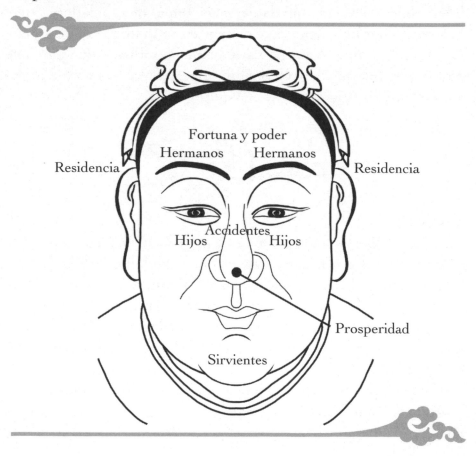

puntos estelares en el rostro (brillo interno)

六 曜

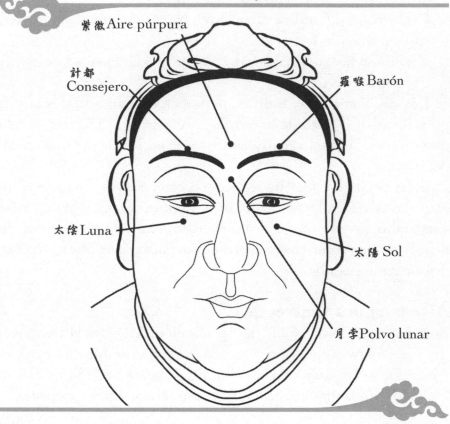

紫微 Aire púrpura

計都 Consejero

羅喉 Barón

太陰 Luna

太陽 Sol

月孛 Polvo lunar

Se refiere, en Mian Xiang, al ángel interno, la gracia, el carisma o buena estrella que posee una persona.

Se consideran seis puntos estelares que deben revisarse a diario cuando se busca obtener éxito:

- Cada ceja es un punto: la izquierda es el barón, la derecha es el consejero.
- Cada ojo es una estrella: el izquierdo es el sol, el derecho es la luna.
- El entrecejo es el aire púrpura.
- Entre los ojos se llama polvo de luna.

Barón y consejero (cejas)

Indican el impulso interno y agresivo que un individuo necesita para volverse una estrella y obtener fama.

- Ceja izquierda: indica estrellato a través de su propia iniciativa y agresividad.
- Ceja derecha: se basa en sabiduría y prudencia para construir su propia suerte.

Las cejas cerradas indican personas que se autodestruyen, pues invaden el área de la estrella aire púrpura. Depilar el vello que invade el espacio central entre las cejas puede ser una opción de apoyo.

Si las cejas son de vello sedoso y fuerte, suaves, de buen color, arqueadas, de un largo razonable y no muy gruesas ni delgadas, son símbolo de éxito. La distancia ideal entre ellas es de dos dedos. Las cejas como rasgo representan las aspiraciones y los sueños de cada persona.

Aire púrpura (entrecejo)

Se le conoce como el Sello de Aprobación. Muestra la Bendición del Cielo para obtener éxito y es la señal intangible de buena estrella. Debe ser amplia, sin vello. Debe tener un brillo violáceo. Cuando este brillo aparece indica éxito en cualquier empresa.

Sol y luna (los ojos)

- Ojo izquierdo: Sol. Indica el estrellato o la fama a través de creatividad e inteligencia. Muestra la vitalidad interna por medio del balance y uso efectivo de las energías cósmicas yin y yang.

- Ojo derecho: Luna. Indica el reconocimiento o la fama a través de los sentimientos y las emociones.
- Lo ideal: que los ojos sean largos, luminosos y húmedos, con un iris largo y lo blanco del ojo muy claro. La piel de alrededor debe ser firme y sin líneas.

El brillo de los ojos y su luminosidad son clave. Si los ojos están rojizos o con poco brillo es señal de que no es buen momento para buscar destacar en aspectos de creatividad, proyectos y aventuras.

Polvo de luna (entre los ojos)

Asegura éxito fácil en la juventud como regalo del cielo. Promete éxito en la mediana edad a través del esfuerzo y la ambición. Este punto representa las aptitudes y talentos necesarios para lograr fama y destacar, así como la capacidad de trabajar para obtener el sueño personal. Aquello que se obtiene por medio de este punto tiene durabilidad a lo largo de la madurez y la edad adulta.

Ese espacio debe ser amplio, como del tamaño de un ojo entre los ojos. Debe ser suave y redondeado, no hundido y libre de líneas.

Su color debe ser claro y luminoso, no verde, amarillo o gris.

Cuando existe destello o resplandor en los puntos estelares, es indicativo de personas que brillan en la vida.

面部氣色

- Lo ideal es que el rostro tenga el color del Chi Yang que se representa o asocia con un brillo interior.
- Las caras que tienen un leve tinte rojizo indican fortuna y prosperidad que puede confirmarse con el color de las palmas de las manos, que deben ser de un color rojizo y carnosas.
- Cuando la cara es muy pálida, indica pobreza.
- Un tinte púrpura es glorioso.
- Un tinte azulado indica nobleza.
- Es preferible que no haya venas visibles en la cara, ya que sugieren y simbolizan problemas.
- Las venas que se ven verdosas o azuladas son características de personas con malas intenciones.

Cuando aparece tonalidad rojiza, incluso vasitos capilares, indica una condición yin. Sucede porque el corazón trabaja demasiado a causa de un exceso de yang. Sugerimos consumir alimentos yin para balancearlo.

El color café en la piel suele ser indicativo de problemas con el hígado y la vesícula. Puede ser generado por exceso de sal; las pecas son una señal. Es recomendable modificar los hábitos alimenticios.

El color amarillo es indicativo de problemas con el páncreas, el hígado y la vesícula. Indica que la bilis no fluye de forma adecuada y se va a la sangre en lugar de al duodeno. Se genera por exceso de yang. Se recomienda consumir más vegetales.

El color verde indica pérdida de la naturaleza humana y procesos degenerativos, como el cáncer. A los lados de la cara indica cáncer pulmonar; entre el pulgar y el índice indica cáncer en los intestinos. La gente de mal carácter, pesimista y ambiciosa en exceso tiende a desarrollar susceptibilidad a esta enfermedad.

El color azul o morado indica exceso de yin y es una señal peligrosa que indica un fuerte proceso degenerativo. Una nariz morada señala un corazón muy dilatado y presión arterial baja. Este color puede indicar una muerte súbita y repentina. Se recomienda modificar hábitos de vida y alimentación, así como apoyarse con medicina preventiva.

El color negro se asocia con problemas de riñones; su origen es extremadamente yin y puede ser generado por exceso de medicamentos o drogas. El negro es el color de la muerte. Se puede mejorar con una buena alimentación por un largo periodo. Los lunares son un ejemplo de esta tonalidad; por lo general aparecen en meridianos de acupuntura e indican daño sobre órganos determinados. Evitar el exceso de proteína animal ayuda a equilibrar este aspecto.

El gris en la piel indica un hígado fuerte. La piel se puede volver insensible y dura. Son personas depresivas con tendencia al mal carácter.

La palidez indica una condición yin en los pulmones. Puede ser asma, alergias o problemas respiratorios.

La transparencia en la piel indica tuberculosis o problemas de piel causados por bacterias.

del yin / yang
a los cinco elementos

陰陽五行

toda filosofía china parte de dos conceptos primordiales: el yin y el yang que forman el todo y la nada. El yin se considera el polo negativo y el yang el polo positivo. Uno existe gracias al otro. El yin se representa con una línea discontinua (_ _) y el yang con una línea continua (_). El yin es la energía de la tierra y el yang es la energía del cielo; de la interacción de estos polos opuestos surge la vida de todo lo que existe en este planeta. Gracias a que interactúan existe el día y la noche, la luz y la sombra, los hombres y las mujeres. Uno le da vida al otro y viceversa. Se representan con el símbolo:

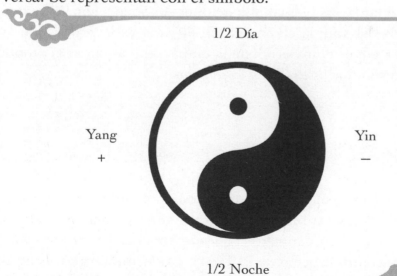

1/2 Día

Yang

+

Yin

—

1/2 Noche

Significa el cambio constante, el sendero; esto quiere decir que la energía yang quiere llegar hasta su punto máximo y convertirse en energía yin y viceversa. El punto máximo del yang es el mediodía y el punto máximo del yin es la media noche. Tenemos el amanecer que llega hasta su punto máximo al mediodía y tenemos el atardecer que llega hasta su punto máximo a la media noche; entonces, para que exista el yang, tiene que haber aunque sea un punto de energía yin, y para que exista yin, tiene que haber un punto de energía yang.

De la interacción de estas dos fuerzas surgen cuatro combinaciones:

Una línea yin con una línea yang

Dos líneas yin

Una línea yang con una línea yin

Dos líneas yang

Estas cuatro posibles combinaciones se asocian con las cuatro estaciones del año: la etapa del yin al yang es la primavera; la etapa más yin es el invierno; de la etapa yang al yin es el otoño; y cuando son dos líneas yang es verano.

YIN	YIN	YANG	YANG
YANG	YIN	YIN	YANG
Primavera	Invierno	Otoño	Verano

Estas cuatro estaciones están unidas por un concepto denominado Tierra. Entre cada estación del año existe un periodo de 21 días que es el traslado de estación. Estos periodos corresponden a un quinto aspecto de la Tierra y ocurren entre una estación y otra en cuanto a la posición del Sol y a la rotación de la

Tierra, también basados en la constelación de la Osa Mayor. Se les conoce asimismo como canícula o transición.

Estos cinco conceptos se asocian con los cinco elementos formadores de todo lo existente en la naturaleza. Cada una de las estaciones del año se asocia con uno de los cinco elementos que conforman la Tierra.

- La primavera se asocia con la madera.
- El invierno se asocia con el agua.
- El otoño se asocia con el metal.
- El verano se asocia con el fuego.
- El quinto elemento es el que conjunta a los cuatro anteriores y es la tierra.

Cada uno de estos cinco elementos se asocia con formas, texturas, colores, materiales, planetas, estaciones del año, signos zodiacales chinos, alimentos, órganos y partes del cuerpo, emociones, rasgos del rostro, sectores cardinales… ¡con todo lo que nos rodea!

los cinco elementos

五行

dentro de la cosmogonía china, la teoría de los cinco elementos (Wu Xing) indica que éstos interactúan en ciclos de
generación, reducción, control, destrucción y mediación.

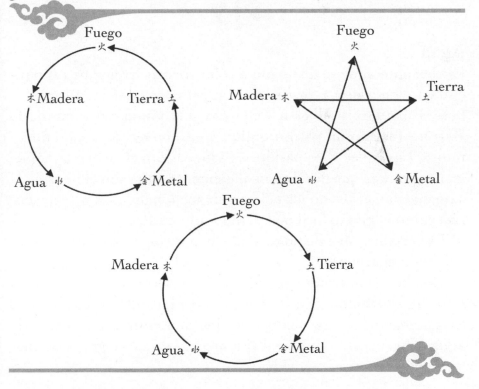

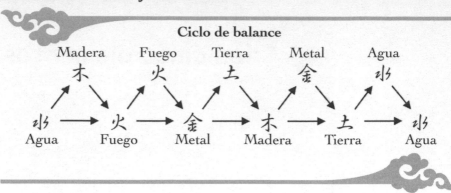

Ciclo de balance

Madera   Fuego   Tierra   Metal   Agua

Agua → Fuego → Metal → Madera → Tierra → Agua

Los cinco elementos son: la alberca, el agua, la madera, el fuego, la tierra y el metal.

A continuación describimos cada uno de los cinco elementos con sus distintas asociaciones:

Agua

El elemento agua se distingue por las formas irregulares (no picudas), como olas y ondulaciones, así como por las formas libres. Ejemplo: la Alberca Olímpica y el Gimnasio Juan de la Barrera forman un patrón ondulante; una vereda o camino sinuoso. Las calles y los pasillos se asocian con el elemento agua.

Los colores que distinguen al elemento agua son el negro y el azul marino, así como los colores en sus tonalidades más obscuras, como el gris oxford o el verde muy oscuro.

Las texturas que distinguen al elemento agua son los líquidos (incluido el aceite).

Detalles arquitectónicos, partes de la casa y artículos decorativos de elemento agua: fuentes, baños, lavandería, bar, tinaco, fosa séptica, peceras, cuadros en los que figuren elementos de agua como aspecto principal (fuentes, cascadas, lagos, ríos, mares, etcétera), espejos y vidrios.

Ejemplos de objetos que representan al elemento Agua:
- Fuentes
- Acuarios
- Cuadros o carteles

Madera

Las formas del elemento madera son alargadas y por lo general verticales, ya sean cilíndricas, tubulares o cuadradas. Un rascacielos se considera elemento madera y lo mismo sucede con las columnas.

Los colores que distinguen al elemento madera son el verde y el azul (excepto en sus tonalidades más oscuras).

Las texturas del elemento madera son aquellas que provienen de fibras vegetales, tales como el algodón, el yute, el henequén y todo lo que está elaborado con madera.

Detalles arquitectónicos, partes de la casa y artículos decorativos de elemento madera: textiles con patrones o dibujos florales, un cuadro con un paisaje boscoso, plantas y árboles, un piso y/o muebles de madera. Los postes también se consideran representativos del elemento madera.

Ejemplos de objetos que representan al elemento madera:
- Plantas como el bambú o palo de Brasil.

Fuego

Las formas del elemento fuego son las pirámides, conos, triángulos, picos y estrellas.

Los colores que distinguen al elemento fuego son rojo, anaranjado y amarillo intensos, como el rojo Ferrari.

Las texturas del elemento fuego son aquellas que provienen de pieles de animales o una pared con formas piramidales sobresalientes.

Detalles arquitectónicos, partes de la casa y artículos decorativos de elemento fuego: velas, luces y lámparas, paredes rojas, fotografías, cuadros y/o figuras de personas o animales, cocina (estufa), calentador, chimenea, techo de dos aguas o un cuadro de una montaña picuda, como el monte Fuji o el Popocatépetl.

De la misma forma, todas las deidades o ángeles se consideran de elemento fuego.

Ejemplos de objetos que representan al elemento fuego:

๑ Velas
๑ Lámparas de piso

Tierra

Las formas del elemento tierra son los cuadrados, rectángulos y cubos, como puede ser un edificio no muy alto y en forma de cubo.

Los colores que distinguen al elemento tierra son terracota, marrón, amarillo, ocre, arena, beige, tonos rojizos, etcétera.

Las texturas del elemento tierra son las porosas, como el ladrillo, el adobe y la arcilla.

Detalles arquitectónicos, partes de la casa y artículos decorativos de elemento tierra: muebles cuadrados, piso de losetas de cantera, cuadros con paisajes desérticos y planicies, ladrillo, cantera, barro, cerámica, talavera y porcelana.

Ejemplos de objetos que representan al elemento tierra:

๑ Jardín zen

Metal

Las formas del elemento metal son las esferas, círculos, óvalos, arcos, bóvedas y cúpulas. La cúpula de una iglesia se considera metal.

Los colores del elemento metal son el gris, el blanco, el marfil y los colores metálicos, como plata o plateado, cobre, oro, etcétera.

Las texturas de elemento metal son acojinadas o redondeadas.

Detalles arquitectónicos, partes de la casa y artículos decorativos de elemento metal: pisos o paredes blancas, bombillas, una barcaza dorada (china), un tapete redondo, cuarzos, cristales y cuadros con paisajes invernales.

Ejemplos de objetos que representan al elemento metal:

- Esferas de vidrio soplado
- Monedas chinas anudadas

Los cinco elementos son parte primordial en la práctica de la lectura del rostro y la interpretación de la salud en las personas.

Cada elemento se asocia con distintos aspectos:

Madera	
Parte del cuerpo	Vesícula
	Hígado
	Músculos
Sentido	Vista
Secreción	Lágrimas
Sabor	Agrio
Emoción	Irritabilidad
Expresión	Grito
Planeta	Júpiter

Fuego	
Parte del cuerpo	Intestino delgado
	Corazón
	Vasos sanguíneos
Sentido	Habla
Secreción	Sudor
Sabor	Amargo
Emoción	Alegría
Expresión	Risa
Planeta	Marte

Metal	
Parte del cuerpo	Intestino grueso
	Pulmones
	Piel y vello
Sentido	Olfato
Secreción	Moco
Sabor	Podrido
Emoción	Reflexión
Expresión	Llanto
Planeta	Venus

Agua	
Parte del cuerpo	Vejiga
	Riñones
Sentido	Oído
Secreción	Orina
Sabor	Salado
Emoción	Temor
Expresión	Gemido
Planeta	Mercurio

Tierra	
Parte del cuerpo	Estómago
	Bazo y páncreas
	Carne
Sentido	Gusto
Secreción	Saliva
Sabor	Dulce
Emoción	Empatía
Expresión	Canto
Planeta	Tierra

los cinco elementos y la alimentacion

Los cinco elementos, en sus fases yin y yang, se relacionan con distintos aspectos de nuestra vida, como órganos del cuerpo, sabores, emociones, direcciones cardinales, funciones vitales, partes exteriores o aberturas del cuerpo, cualidades mentales, fluidos corporales y planetas, además de lo ya mencionado con anterioridad en este libro. Aquí aplicaremos estos aspectos como una herramienta más para mejorar nuestra vida y nuestra salud.

Dado que todos los aspectos de la vida humana (psicológicos, emocionales y fisiológicos) se relacionan con los cinco elementos, podemos armonizarlos si aprendemos a manejar sus ciclos y a aplicarlos. Los cinco elementos y sus ciclos nos proveen un método de trabajo que nos permite relacionar el cuerpo humano con el aspecto exterior (entorno) por medio de los sectores cardinales, los colores, las fibras textiles y los accesorios; también nos enseñan a identificar el funcionamiento de los órganos del cuerpo humano, además de cómo nutrirlos y armonizarlos.

A continuación hablaremos de los cinco elementos en su fase yin y en su fase yang, y presentaremos sus diferentes aspectos.

Fuego

El órgano del cuerpo representativo del fuego en su fase yin es el corazón, al cual se le conoce como el rey de todos los órganos. Se relaciona con la mente y las emociones; si el corazón se encuentra débil, las emociones se vuelcan, dominan nuestros pensamientos y controlan al cuerpo. En el aspecto fisiológico, el corazón controla la circulación sanguínea. El nivel interno se asocia con la glándula del timo, la cual se regula y afecta a través de las emociones.

El fuego yang está representado por el intestino delgado. Controla las emociones básicas y a nivel glandular se relaciona con la pituitaria, reguladora del crecimiento, el metabolismo, la inmunidad, la sexualidad y todo el sistema endocrino.

Madera

El órgano que representa la madera yin es el hígado, encargado de desintoxicar la sangre. Controla el sistema nervioso periférico que regula la tensión y la actividad muscular, los ligamentos y tendones.

La vesícula es el órgano de la madera yang y es la encargada de almacenar los fluidos necesarios para realizar la digestión. Trabaja con el sistema linfático y elimina los dolores musculares y la fatiga.

Tierra

La tierra yin se asocia con el páncreas y el bazo, encargados de la extracción y asimilación de los nutrientes en la actividad digestiva. Coordinados con los riñones, controlan el buen funcionamiento y distribución de los fluidos a través del cuerpo.

El estómago es el órgano considerado tierra yang, responsable de proveer al cuerpo de los nutrientes que extrae de los alimentos. Regulador y balanceador de las cinco energías elementales, su mal funcionamiento se refleja en malestares de todo el cuerpo.

Metal

La energía yin del metal se representa con los pulmones, encargados de controlar la respiración y asociados de forma directa con el corazón. Ambos son considerados los grandes proveedores de la energía para el cuerpo, que se refleja en vitalidad y salud. Se relaciona con el sistema nervioso autónomo y se convierte en un elemento puente entre el cuerpo y la mente, aspecto importante para obtener el equilibrio.

La energía metal yang se presenta como el intestino grueso, cuya función es procesar los desechos. Se considera como un órgano purificador y, junto con los pulmones, controla la piel y la sudoración.

Agua

La energía del agua se manifiesta en fase yin a través de los riñones y se considera la reserva de energía esencial para vivir (los líquidos). Funcionan junto con las glándulas suprarrenales, encargadas de las hormonas que regulan el metabolismo, la inmunidad, la potencia sexual y la fertilidad. Los riñones son los filtros de la sangre y se conectan a la vejiga para eliminar los líquidos del cuerpo. La anemia y las deficiencias inmunológicas se relacionan con un mal funcionamiento o debilidad de los riñones.

La energía yang del agua se representa con la vejiga, encargada de almacenar y eliminar toxinas del cuerpo por medio de la orina.

Cada órgano del cuerpo tiene su propia función; sin embargo, todos combinan sus funciones para lograr armonía y salud en el organismo. La falta de alguno de los elementos en la alimentación o en el entorno puede reflejarse en problemas de salud que podemos corregir por medio de la alimentación y el apoyo en el Feng Shui.

En la medicina oriental cada órgano mayor se considera antagónico y complementario de otro órgano mayor. Esta relación ocurre de la siguiente manera:

pulmones	intestino delgado
corazón	intestino grueso
riñones	vejiga
bazo	estómago
hígado	vesícula

Si se presenta un problema en uno de los dos órganos, tendrá repercusiones en su órgano complementario.

Ahora presentamos una lista de los alimentos asociados con cada uno de los cinco elementos.

Madera: trigo, centeno, avena, lentejas, chícharos, ejotes, vegetales verdes, pimientos verdes, brócoli, frutas cítricas, pollo y todos los alimentos de color blanco o verde.

Agua: frijoles, algas marinas, cerezas negras, cerezas azules, uvas moradas, sandía, pescado y todos los alimentos de color oscuro.

Metal: arroz, frijoles de soya, tofu, cebolla, nabos, rábanos, coliflor, col, pera, pavo, apio, carne de res y todos los alimentos de colores claros o tonos pastel.

Tierra: frutas dulces, nueces, atún, pez espada, aves salvajes y todos los alimentos de colores térreos.

Fuego: maíz, endibias, mostaza, tomates, escalopas, fresas, cerezas, duraznos, barbacoa, borrego, camarones.

los elementos
y las emociones

Las emociones también están relacionadas con los elementos. Un exceso de emociones daña al cuerpo, afecta su funcionamiento y también indica un desequilibrio en los elementos. Para apoyarte con los elementos, puedes aplicarlos en vestimenta y alimentación o reforzarlos en los sectores o direcciones cardinales. Por ejemplo, una persona nerviosa y agitada todo el tiempo indica un exceso de fuego; por tanto, puede integrar elementos agua o tierra en su vestimenta y alimentación o en el Sur de su entorno.

La alegría se relaciona con el elemento fuego; el exceso de esta emoción deriva en nerviosismo y agitación y puede dañar al corazón y al intestino, pero puede controlarse con agua o reducirse con tierra.

El coraje representa la madera y su exageración daña al hígado y al sistema nervioso. Podemos controlarlo con metal y reducirlo con fuego.

La ansiedad y la concentración están identificadas con tierra y pueden ocasionar problemas en el páncreas, el bazo y el estómago. Este desequilibrio puede controlarse con madera y reducirse con metal.

El pesar se asocia con el metal y en exceso puede dañar los pulmones y el intestino, así como el sistema nervioso, los huesos y el sistema inmunológico. Se controla con fuego y se reduce con agua.

El miedo y el susto corresponden al elemento agua y afectan a los riñones y a la vejiga. Pueden controlarse con tierra y reducir con madera.

los cinco elementos y el clima

a cada uno de los cinco elementos corresponde un clima en particular, por lo cual podemos planear unas vacaciones o establecer nuestro domicilio en un lugar con un clima favorable, de acuerdo con lo que deseamos trabajar en nosotros. El elemento agua se relaciona con el clima frío, los paisajes acuáticos, los lagos, el mar y los ríos. A la madera le corresponde el clima fresco y los vientos, los bosques y el campo. El fuego se relaciona con el clima caliente y desértico. El clima de tierra es húmedo, la selva y las playas. El metal se asocia con el clima seco y árido, con montañas nevadas y valles.

terapias y los cinco elementos

La terapia es otra herramienta para reforzar y balancear nuestra energía, además de ayudarnos a descubrir nuestras emociones, sentimientos, esencia y a nosotros mismos. El elemento agua se relaciona con las terapias de sanación a través de la vibración, como el reiki, las terapias de vidas pasadas o de renacimiento. La madera se asocia con las terapias energéticas, el ejercicio y la actividad física. El fuego está relacionado con el trabajo de grupo, como la psicoterapia grupal y los talleres de expresión. A la tierra le corresponden las terapias como el shiatsu, la reflexología y la aromaterapia. Por último, el metal está asociado con disciplinas detalladas como la acupuntura, la psicoterapia y la hipnosis.

entretenimiento y los cinco elementos

Incluso el tipo de actividades que elegimos como formas de entretenimiento pueden relacionarse con los cinco elementos y se convierten en una herramienta más en nuestra constante búsqueda de equilibrio.

El agua se favorece con diversiones sedentarias en ambientes silenciosos, tranquilos y relajados, como ir al cine o practicar un juego de mesa. La madera se equilibra con actividades y movimiento; los deportes entran a la perfección en esta clasificación. El fuego se asocia con actividades que expresen y fomenten la pasión, como ir a un parque de diversiones o subirse a la rueda de la fortuna y la montaña rusa. A la tierra corresponden las actividades tranquilas, cálidas y compasivas, encaminadas a socializar. Todas las opciones de entretenimiento que engloben la convivencia y formar parte de grupos se considerarán como tierra. En el metal se clasifican todas las actividades en las que intervengan la concentración y la atención: ajedrez, ver televisión, lectura, internet, etcétera.

aromaterapia y los cinco elementos

Otra herramienta muy útil es la aromaterapia. Funciona a través de los nervios olfativos y nuestra mente inconsciente e influye en nuestras emociones, sentidos y actitudes.

Algunos aromas se relacionan con los cinco elementos:

- Agua: jazmín y sándalo.
- Madera: toronja, manzanilla, lavanda.
- Fuego: romero, ylang ylang, árbol del té.
- Tierra: incienso, limón.
- Metal: eucalipto, pino, ciprés.

los cinco elementos
y las direcciones cardinales

Con anterioridad explicamos cómo podemos ubicar las direcciones cardinales sobre el mapa de una construcción, tras dividirlo como una parrilla. Ahora explicaremos cómo dividir ese mapa de acuerdo con el método del pay o pastel, con la intención de ubicar de manera exacta y precisa los sectores cardinales en una construcción.

Sugerimos trazar un plano a escala de la construcción, pegar ese plano en una cartulina y recortarlo. Con un alfiler encuentra y marca el punto en donde la cartulina se sostiene en equilibrio. Ese es el centro de la casa.

Para trazar las ocho direcciones o sectores de la construcción, debes pararte con una brújula de espaldas a la casa y con la puerta cerrada. Evita tener metales cerca, ya que pueden alterar tu medición.

Anota el grado donde la brújula apunta a la puerta. Con un transportador geométrico marca el grado sobre el plano y a partir de ahí ubica el centro de la fachada paralela a la puerta. Así ubicarás las direcciones en el plano.

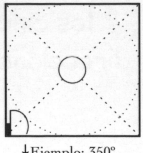

↓Ejemplo: 350°

Considera que el Norte abarca desde 337.5° hasta 22.5°; el Noreste desde 22.5° hasta 67.5°; el Este desde 67.5° hasta 112.5°; el Sureste desde 112.5° hasta 157.5°; el Sur desde 157.5° hasta 202.5°; el Suroeste desde 202.5° hasta 247.5°; el Oeste desde 247.5° hasta 292.5°; y el Noroeste desde 292.5° hasta 337.5°.

Cada división cardinal abarca un rango de 45° a partir del grado exacto de la dirección cardinal del Norte, la cual se encuentra a 0°. Estos cero grados recorren 22.5° hacia cada lado para obtener un sector de 45°, que van del grado 337.5° al 22.5°.

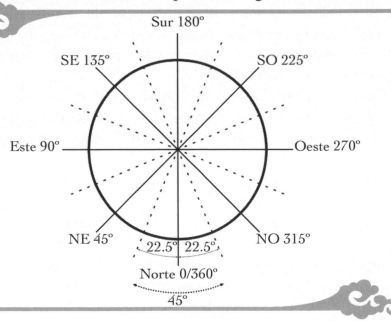

Calcula 22.5° a cada lado para establecer sectores.

Según el grado donde se ubica la fachada principal, traza los ocho sectores a partir del centro.

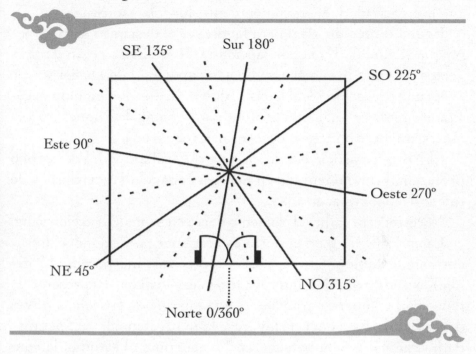

Así ubicarás los ocho sectores cardinales de tu construcción. Con esto determinarás la energía que caracteriza a cada sector de tu espacio.

Conozcamos ahora cuál elemento se asocia con cada dirección cardinal. De esta manera podemos asociar lo que el rostro indica como desequilibrado o problemático y apoyar con el entorno, además de integrar todo lo ya sugerido con las direcciones cardinales. Aquí podemos comprender con mayor claridad los casos anteriores, donde hemos sugerido apoyo mediante la integración de ciertos aspectos en un determinado sector cardinal.

Norte: representa el elemento agua y el polo más yin de la energía. Se asocia con la energía aspiracional del trabajo y la profesión. Se relaciona con las emociones, la introspección, la meditación y el autoanálisis.

La energía del agua es una energía tranquila, suave, dócil, libre y profunda.

La energía del Norte favorece la flexibilidad, la independencia, la creatividad, el crecimiento interior y la espiritualidad.

Es una dirección ideal para favorecer el descanso entre la pareja, la sexualidad y la concepción tanto de ideas como de proyectos sustentados en el estudio y la capacidad de análisis.

Es una dirección ideal hacia la que debemos ver cuando necesitamos realizar análisis a profundidad, tomar decisiones importantes, meditar o incluso descansar y relajarnos.

El Norte se asocia con la energía del trabajo y del desarrollo profesional fundamentado en nuestra capacidad de análisis y de tomar decisiones acertadas.

Noreste: representa el elemento tierra en su manifestación yang.

La energía yang de la tierra es una energía firme, decidida y cortante, estable y pasiva, observadora pero inesperada. Es generadora de cambios imprevistos y explosivos. Representa la tenacidad y la perseverancia. Es una energía de cosecha a través del esfuerzo. Esta energía favorece la motivación, la competitividad, la agudeza y la perseverancia, así como el estudio, la concentración, la tenacidad y el pensamiento metódico.

Fomenta la competitividad y la motivación para ganar premios y competencias, al igual que la concentración y el deseo de retomar el camino y el control de nuestra vida.

El Noreste se asocia con la energía del conocimiento profesional, personal, íntimo de pareja y social. Es una energía que nos permite establecer metas y definir los caminos para obtenerlas.

Este: representa el elemento madera en su manifestación yang. Es la energía del inicio y de la primavera.

La energía yang de la madera es creativa, rápida, impulsiva, sólida y vanguardista, generadora de inicios y de ideas para negocios y carreras. Nos ayuda a sentirnos más creativos y activos. Es una energía que representa la confianza en nosotros mismos y el optimismo.

La energía Este se asocia con el amanecer; favorece las profesiones, la actividad y la realización de nuestros sueños.

Es una dirección ideal para la gente joven, para generar esperanza, iniciar una carrera profesional, despertar la ambición y motivar el crecimiento.

También contribuye a impulsar nuevos proyectos, el trabajo, la actividad, la ocupación y el interés por alcanzar metas. Promueve la generación de nuevas ideas y proyectos. Despierta el ímpetu y la iniciativa, además de ayudar a recobrar la fe y la esperanza.

El Este se asocia con la energía del dinamismo y la acción. Nos impulsa y despierta al crecimiento personal y profesional y nos permite esforzarnos para lograr nuestras metas y deseos. También representa la unión y la fortaleza familiar.

Sureste: representa la energía de la madera en su manifestación yin.

Es una energía más suave y diplomática que la del Este. Se caracteriza por la creatividad, la armonía, la comunicación, el liderazgo, la elegancia y el progreso con mayor balance, lo cual nos ofrece oportunidades para viajar y relacionarnos.

Es generadora de perseverancia, alegría, hiperactividad y ambición. Nos ayuda a sentirnos con mayor libertad y a relacionarnos con facilidad y seguridad. Es una energía que representa la confianza, las buenas relaciones y el optimismo.

La energía Sureste se asocia, al igual que el Este, con el amanecer; de hecho, sus características son muy parecidas a las del Este: favorece el aspecto profesional y la buena comunicación, aumenta la creatividad y activa el crecimiento y la vida social, aunque de manera más sutil que el Este.

También mejora nuestras relaciones sociales, por lo que es una buena ubicación para la sala, el comedor, el salón de juegos, el cuarto de televisión y el área de música. Puedes utilizar todo aquello que hemos sugerido como elementos agua, madera y fuego. Igual que en el Este, ayudarán para armonizar, balancear e impulsar la energía.

La energía del Sureste es suave y elegante, despierta la simpatía y la convivencia armoniosa, además de impulsarnos a obtener lo que deseamos en armonía y alegría. En el contexto aspiracional se relaciona con la energía del dinero y la abundancia.

Sur: representa la energía del fuego en su manifestación tanto yin como yang.

Es fuerte, decidida y cálida. Se caracteriza por ser una energía de alegría, fama, éxito y pasión. Es una energía de fiesta que promueve la estimulación y la agilidad mental. Nos ofrece oportunidades para destacar y obtener reconocimiento público.

Es generadora de nuevas ideas, de sociabilidad y espontaneidad. Nos ayuda a mejorar nuestra imagen social y pública, así como las relaciones en comunidad.

Es una energía que representa el brillo y el orgullo. Se asocia con el verano y con el mediodía. Favorece la autoestima y la comunicación.

Es de mucha ayuda para personas con problemas para relacionarse con los demás, por ser una buena herramienta para contrarrestar la timidez e integrar la energía de inspiración en un espacio.

La energía del Sur es alegre, dinámica e inquieta; despierta y favorece la autoestima y la determinación; nos impulsa a mejorar nuestra imagen y a relacionarnos más en el aspecto social. Se asocia con fama y reconocimiento.

Suroeste: representa la energía de la tierra en su manifestación yin.

La energía yin de la tierra es suave, tierna, dulce y fértil. Es protectora y precavida, estable y segura.

Al ser generadora de calidez y armonía familiar por excelencia, es considerada la energía promotora del amor. Representa el cuidado y la maternidad y provee la sensación de hogar y de seguridad.

La energía de esta dirección favorece la comprensión, el respeto, el cariño, la unión y la fortaleza familiar, la maternidad, el ahorro de dinero, las amistades profundas, el crecimiento y el progreso constante, aunque lento.

Este sector contribuye a fomentar la precaución y la prudencia, por lo que es de mucha ayuda en casos de gente joven que gusta de los riesgos excesivos.

Esta energía se asocia con la fecundidad, la maternidad y la sensación de hogar. Es una energía que nos permite desarrollar nuestros anhelos sentimentales en toda su profundidad.

Oeste: representa la energía del elemento metal en su manifestación yin.

La energía yin del metal es tranquila, quieta y profunda; reflexiva, suave y sensible.

Genera profundidad de sentimientos, alegría, calma y tranquilidad. En ocasiones se considera la energía promotora de la sensación de libertad, el romance y la consolidación económica.

La energía de esta dirección favorece la diversión, el entretenimiento, el coqueteo y la estabilidad.

El Oeste contribuye a fomentar la elegancia, el buen gusto y el glamour, por lo que es de mucha ayuda cuando queremos mejorar nuestra manifestación social. En el contexto aspiracional representa los hijos, la consolidación y libertad económica, las ilusiones y el romance.

Noroeste: representa la energía del elemento metal en su manifestación yang.

La energía yang del metal es firme, decidida, clara, directa y tajante.

Genera disciplina, orden, rigidez y organización. Es considerada la energía promotora del liderazgo. Representa la madurez, el control, la inspiración y la solidez.

La energía de esta dirección fortalece las finanzas, el respeto, la frialdad, las cualidades de liderazgo, la habilidad para organizar y la responsabilidad.

Es una dirección ideal para favorecer la disciplina, la sabiduría, el respeto, la confianza y el control.

El Noroeste contribuye a fomentar la disciplina, la inspiración, la mentalidad analítica y la decisión para obtener y terminar los proyectos que se empiezan, por lo cual es de mucha ayuda en casos de personas desordenadas, confundidas o con falta de decisión.

Es el punto ideal para colocar todo lo referente a planes, proyectos y metas por obtener.

Su energía se asocia con la fortaleza, la paternidad, el liderazgo, la planeación y la disciplina. Es una energía que nos permite establecer metas y esforzarnos por obtenerlas. Apoya a los clientes, los viajes, los proveedores y los benefactores.

Hemos asociado los aspectos sólidos con concretar, aterrizar y consolidar; es decir, con montaña y respaldo. En aquellas áreas o aspectos que nuestro rostro indique que nos falta estabilidad, lo recomendable es con objetos sólidos en los sectores cardinales asociados con esa energía.

Hemos asociado los aspectos amplios, ordenados, libres e iluminados con liberar, relajar y ampliar; es decir, con agua y oportunidades o apertura. En aquellas áreas o aspectos que nuestro rostro indique que nos falta libertad, expresión, convivencia o apertura, lo recomendable es apoyarnos con espacios amplios, ordenados, iluminados y limpios en los sectores cardinales asociados con esa energía.

Es importante recordar que esta herramienta nos apoya para generar un cambio de sensación y actitud a través de nuestra percepción inconsciente, lo cual deriva en el equilibrio de nuestras emociones y pensamientos. Así mejorará y cambiará lo que nuestro rostro nos dice y no percibimos a nivel consciente. Como consecuencia de hacernos conscientes de lo inconsciente, nuestra vida, nuestra salud y nuestro destino mejorarán.

las cinco formas básicas de cara

La forma de la cara se asocia con las cinco formas básicas de los cinco elementos que constituyen la naturaleza. La forma del rostro influye en el temperamento de la persona, así como cada uno de los cinco elementos se asocian con una tonalidad determinada.

Elemento	Planeta	Forma	Forma facial	Color	Tonalidad	Vitalidad	Fortuna	Empresa
Fuego	Marte	triángulo	pera	rojo	rojiza	actividad	aventura	espectáculos
Agua	Mercurio	circular	redonda	negro	apiñonada	flexible	riqueza	finanzas
Madera	Júpiter	invertida	triangulo	verde	oliva	crecimiento	sabiduría	arte
Metal	Venus	óvalo	óvalo	blanco	marfil	gracia	estatus	dirección
Tierra	Saturno	cuadrado	cuadrado	amarillo	bronce	quietud	seguridad	industria

Para establecer el temperamento de una persona se considera más importante la forma de la cara y en segundo lugar la tonalidad y las demás características.

Existen cinco formas básicas de cara: pera (fuego), redonda (agua), triángulo (madera), óvalo (metal) y cuadrada (tierra), y tres formas combinadas de madera con algún otro elemento: diamante (madera y fuego), ovalada (madera y metal) y de corazón (madera y agua).

Pera (fuego)

Esta forma se caracteriza por ser ancha en la parte de la barbilla y el mentón y delgada en la frente. Es una cara afilada y triangular, ancha en la base y delgada hacia arriba, lo que se conoce como frente angosta y barba sobresaliente o afilada. Estas personas dan la apariencia de ser estudiosas y dedicadas. Tienen nariz y mejillas definidas. Estas características hablan de personas a quienes les agradan los buenos modales, la diplomacia y la belleza. Son amables, elegantes, se portan bien y se preocupan por su aspecto. Sus ojos tienden a ser brillantes. Son personas coquetas, aventureras, ambiciosas, impulsivas y enojonas; excelentes oradoras y perseverantes hasta obtener lo que desean. Son exhibicionistas y destacan en cualquier actividad que realicen. Son individuos listos, atractivos, dinámicos, rápidos, magnéticos, inteligentes y muy astutos, aunque también inseguros, volubles e inestables.

La forma facial triangular es para los científicos, los radicales, los actores, los reporteros, los publicistas, los vendedores y los políticos, aquellos que se obsesionan con una idea y son capaces de llevarla hasta sus últimas consecuencias. Se les identifica como los entretenidos y divertidos. Su vitalidad es la actividad, su fortuna es su espíritu aventurero y su éxito está en mostrarse. Su planeta es Marte (estrella de fuego).

Pueden apoyarse con elementos madera y fuego para brillar y fortalecer su temperamento; si se van al exceso, lo recomendable es que se ayuden con objetos correspondientes al elemento tierra.

Redonda (agua)

Esta forma de cara es redonda, irregular y sin forma definida. Son caras regordetas, sin montañas muy marcadas, que caracterizan a personas adaptables, sobrevivientes, que salen adelante ante cualquier circunstancia. Son inteligentes, rápidos e intuitivos, de pensamientos profundos y confusos.

Es la forma facial de los inventores. Aunque son muy prácticos y mentales, ellos simple y sencillamente no van con las reglas. Se trata de personas flexibles, de ideas claras, brillantes y diplomáticas. Se relacionan fácilmente con los demás. Dado que su fortuna en la vida se asocia con el dinero, tienden a ser gente de negocios, financieros, banqueros o negociadores.

Se les denomina como los emprendedores. Siempre cariñosos, pueden convertirse en oportunistas y les gusta apostar. La movilidad y la fluidez son sus puntos fuertes, aunque su debilidad es el gusto por el dinero fácil. Su planeta es Mercurio (estrella de agua). Cuidado con el exceso de peso corporal en la mediana edad, ya que su tendencia es el gusto por la buena vida. Su vitalidad radica en la flexibilidad, su fortuna es la riqueza y su éxito se basa en lo financiero.

Pueden apoyarse con elementos metal y agua para brillar y fortalecer su temperamento; si se van al exceso, lo recomendable es ayudarse con el elemento madera.

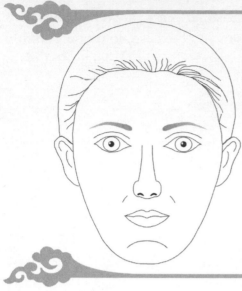

Triangular (madera)

Esta forma de cara es amplia en la frente con una barbilla o base angosta y delgada. Se refiere a los pensadores. Son caras delgadas, alargadas que describen a personas perseverantes, benevolentes, comprensivas, generosas, amables y firmes que van detrás de lo que buscan hasta conseguirlo. Son lentas y tranquilas, pero obtienen sus metas. Son individuos ganadores, innovadores, creativos y soñadores.

Son idealistas con una integridad fuerte. Se reconocen como los intelectuales de los cinco tipos. Siempre buscan el crecimiento y el desarrollo. Tienen una clara visión futurista y pueden llegar a parecer seres de otro planeta, con ideas vanguardistas e innovadoras.

Este tipo facial corresponde a los artistas, científicos, educadores y grandes pensadores. Su tendencia no es ganar mucho dinero, pero su riqueza radica en el conocimiento y la comprensión. Su planeta es Júpiter (estrella de madera). Deben recordar mantener siempre sus raíces en la tierra, como los árboles. Su vitalidad es el crecimiento; su fortuna, la sabiduría; su éxito radica en las artes, las ciencias y la educación.

Pueden apoyarse con elementos agua y madera para brillar y fortalecer su temperamento; si se van al exceso lo recomendable es que se ayuden con el elemento fuego.

Óvalo (metal)

Esta forma facial se considera afortunada, ya que está destinada para llegar a altas posiciones, aunque no se haya nacido en un entorno de alto rango. Cuando la forma del rostro es oval, la persona es muy social y puede desarrollarse bien en el mundo de las ventas, pues su cara refleja confiabilidad e ingenuidad de bebé. Es una persona práctica y con los pies en la tierra.

La forma oval pertenece a las personas hospitalarias, pacifistas y diplomáticas. Son sensibles a los sentimientos de los demás.

Sociales y graciosos, estos individuos nunca llegarían a una fiesta sin llevar algo. Este

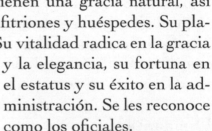

tipo de cara representa a los asesores de imagen, a los altos ejecutivos, a las modelos de ropa, a los directores y a las estrellas en cualquier campo relativo a la administración y el gobierno.

Se relacionan con las artes y tienen una gracia natural, así como elegancia. Son excelentes anfitriones y huéspedes. Su planeta es Venus (estrella de metal). Su vitalidad radica en la gracia

y la elegancia, su fortuna en el estatus y su éxito en la administración. Se les reconoce como los oficiales.

Pueden apoyarse con elementos tierra y metal para brillar y fortalecer su temperamento; si se van al exceso lo recomendable es que se ayuden con el elemento agua.

Cuadrada (tierra)

Su temperamento es práctico, poco imaginativo, calmado y fácil de sobrellevar. Son individuos reservados, callados, con tendencia a acumular dinero y a amasar grandes fortunas. Cuando la forma del rostro es cuadrada, la personalidad que se refleja es de líder o atleta. Se convierten en buenos líderes solo en momentos de crisis. Esta forma es más común en hombres. "Sígueme" es su lema. Un ejemplo claro son los militares sin cuello.

Su deseo en la vida es la seguridad y la estabilidad, tener un espacio propio.

Un individuo con rostro cuadrado se manifiesta agresivo, tenaz y necio, así como con mucha fortaleza y voluntad hacia todo aquello que desea. Su pensamiento se desarrolla en términos de poder y fuerza, con los pies en la tierra. Jamás da un paso atrás ni se retracta cuando ha tomado una decisión.

Es el tipo ideal para industriales y constructores. La mente y las actividades expansivas son su fuerte. Su planeta es Saturno (estrella de tierra). Su vitalidad es la quietud, su fortuna es la seguridad y su éxito radica en la industria. Se le conoce como el tipo siempre práctico.

Pueden apoyarse con elementos fuego y tierra para brillar y fortalecer su temperamento; si se van al exceso, lo recomendable es que se ayuden con el elemento metal.

Diamante (madera-fuego)

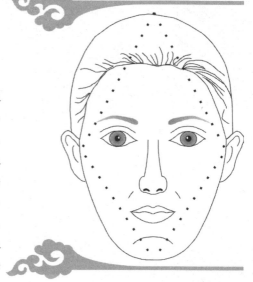

Esta forma de cara es angosta en la frente y la barbilla, y ancha en la parte de las mejillas. Sobresalen la nariz, la barbilla y los pómulos. Es la forma que representa a los grandes emprendedores y ejecutivos. Esta combinación resalta la inteligencia y los talentos que pueden emplearse de manera efectiva. La persona es competitiva, mas no necesariamente materialista. Se asocia con los planetas Júpiter y Marte y con los elementos madera y fuego. Su vitalidad radica en la energía directa, su fortuna en ganar y su éxito en la innovación.

Pueden apoyarse con elementos madera y fuego para brillar y fortalecer su temperamento; si se van al exceso lo recomendable es que se ayuden con el elemento tierra.

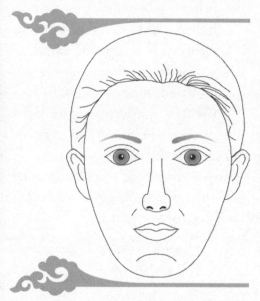

Ovalada (madera-metal)

Esta forma de cara se identifica con los soñadores. Es la forma de un círculo alargado. Se asocia con el rostro clásico de belleza femenina. Combina la forma de madera y la forma de metal, por lo cual tiene gracia y elegancia, pero también la tendencia a vivir soñando. De alguna manera su vida es fácil durante la juventud y la madurez. Se asocia con los planetas Júpiter y Venus y con los elementos madera y metal. Su vitalidad es la energía emocional, su fortuna es la belleza y su éxito es la moda.

Pueden apoyarse con elementos madera y metal para brillar y fortalecer su temperamento; si se van al exceso lo recomendable es que se ayuden con el elemento agua.

Corazón (madera-agua)

Esta forma de cara se asocia con los románticos. Son adaptables en términos sociales, pero con una buena dosis de dependencia. Su problema es que pueden buscar controlar y manipular a otros

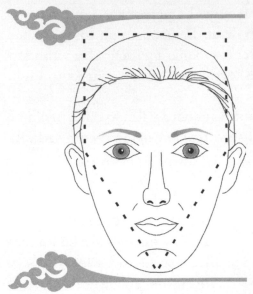

para que hagan lo que ellos desean, en lugar de desarrollar sus propias habilidades. Les falta confianza en sí mismos. Este tipo de rostro se asocia con los elementos madera y agua y con los planetas Júpiter y Mercurio. Su vitalidad es la manipulación, su fortuna es la sociabilidad y su éxito es la expresión creativa y la imaginación.

Pueden apoyarse con elementos madera y agua para brillar y fortalecer su temperamento; si se van al exceso lo recomendable es que se ayuden con el elemento fuego.

La forma de la cara define el temperamento. La tonalidad del rostro puede reforzar el temperamento o promover una combinación de temperamentos con base en los elementos.

Color	Elemento chino	Tonalidad
Rojo	Fuego	Sanguínea
Negro	Agua	Morena
Verde	Madera	Aceitunada
Blanco	Metal	Pálida
Amarillo	Tierra	Amarilla

De acuerdo con los cinco elementos, cuando la forma de la cara coincide con la tonalidad de la piel, corresponde a un tipo elemental puro en temperamento. Por ejemplo:

- Una cara en forma de pera con tonalidad sanguínea en la piel (fuego).
- Una cara redonda con tonalidad morena de piel (agua).
- Una cara triangular con piel en tonalidad aceitunada (madera).
- Una cara alargada con piel en tonalidad marfil o pálida (metal).
- Una cara cuadrada con un tono de piel amarillo o bronce (tierra).

Cuando este aspecto de pureza se presenta, indica personas exitosas. Los tipos mezclados o mixtos de forma de cara acorde con un elemento y tonalidad de la piel acorde a su vez con otro elemento pueden ser positivos o preocupantes, según la combinación.

Este efecto de las combinaciones se analiza de acuerdo con el ciclo de los elementos. Cuando una persona tiene una tonalidad de piel diferente a la forma de la cara, en relación con los elementos, se dice que carga un segundo elemento. Por ejemplo: cuando la cara de una persona tiene forma de pera (fuego) y una tonalidad de piel amarillenta o bronce (tierra), se dice que el fuego carga a la tierra. En este caso se mezclan las descripciones y las características de la forma de rostro fuego y la forma de rostro tierra, pues las formas de cara describen el temperamento elemental; es decir, de acuerdo con la tendencia energética del elemento. Es importante recordar que la forma de la cara es el factor dominante, mientras la tonalidad corresponde a una influencia secundaria.

Como ya mencionamos, algunas combinaciones son favorables y otras son limitantes. Esto se interpreta según las relaciones de los elementos entre sí:

- Una forma de cara fuego se apoya con una tonalidad de piel madera y viceversa, pero se limita con un rasgo elemental agua.
- Una forma de cara agua se apoya con una tonalidad de piel metal y viceversa, pero se limita con un rasgo elemental tierra.
- Una forma de cara madera se apoya con una tonalidad de piel agua y viceversa, pero se limita con un rasgo elemental metal.
- Una forma de cara metal se apoya con una tonalidad de piel tierra y viceversa, pero se limita con un rasgo elemental fuego.
- Una forma de cara tierra se apoya con una tonalidad de piel fuego y viceversa, pero se limita con un rasgo madera.

Además de la tonalidad de la piel, un rostro puede cargar más de un elemento sobre otro u otros elementos y esto puede conver-

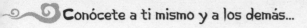

tirse en un aspecto positivo, ya que puede ayudar a mantener el equilibrio en el temperamento de la persona durante su vida. A través de conocer qué se caracteriza o asocia con cada tipo elemental, podremos determinar qué tan puro es el elemento que define la forma de la cara o cuáles otros elementos que se cargan influyen en el temperamento. Es posible que descubramos que todos tenemos un poquito de cada elemento en nuestra naturaleza.

Elemento	Planeta	Forma	Forma facial	Color	Complexión	Vitalidad	Fortuna	Empresa
Madera	Júpiter	Invertida	Triángulo	Verde	Oliva	Crecimiento	Sabiduría	Arte
Fuego	Marte	Triángulo	Pera	Rojo	Rojiza	Actividad	Aventura	Show
Tierra	Saturno	Cuadrado	Cuadrado	Amarillo	Bronce	Quietud	Seguridad	Industria
Metal	Venus	Óvalo	Óvalo	Blanco	Marfil	Gracia	Estatus	Dirección
Agua	Mercurio	Circular	Redonda	Negro	Apiñonada	Flexible	Riqueza	Finanzas

resonancia de la voz

Elemento	Voz
Fuego	Alta y áspera
Agua	Cristalina y clara
Madera	Profunda y absorbente
Metal	Melodiosa
Tierra	Ronca y baja

Lo ideal es que la voz se perciba clara y fuerte para manifestarse al mundo y que la persona sea escuchada con una dicción clara, resonante y melodiosa. La voz débil y baja representa debilidad y revela a una persona indecisa, con poca capacidad para obtener lo que desea y manifestar sus habilidades.

Cuando la voz de una persona se origina en la cavidad abdominal indica una voz de alta calidad. Esa persona tiene espíritu fuerte y muchos años de buena suerte y fortuna; tiene la capacidad de resolver los problemas y convertirse en una persona exitosa y rica.

Cuando la voz se origina en la cavidad torácica es de calidad mediocre. Esa persona tiene una suerte ni buena ni mala, aunque no tendrá que preocuparse por casa y comida.

La voz que se origina en la garganta se considera de poca calidad. Esa persona nunca toma las situaciones en serio y se da por vencida con rapidez y facilidad ante las dificultades. Tendrá pocos logros en su vida.

Un hombre con una voz afeminada es de mentalidad estrecha y no es adecuado para trabajos de liderazgo. Se preocupa demasiado por todo y tiene poca vitalidad.

Una mujer con una voz demasiado masculina indica que es valiente y decidida. No es indicativa de buena suerte en el matrimonio. Es posible que llegue a casarse hasta tres veces para encontrar la estabilidad emocional.

La voz alta indica buena suerte, buena salud y longevidad. La voz suave o débil indica enfermedades crónicas o demasiadas preocupaciones.

Una voz ronca no es una buena señal, pues indica que la persona deberá esforzarse para obtener dinero y puede llegar a niveles donde afecte su salud.

Un hombre con voz débil o frágil indica que es cobarde y miedoso.

Una mujer con voz aguda y molesta indica soledad e incompatibilidad con su marido. Significa que es poco tolerante, miserable, calculadora y egoísta, pues no comparte nada con los demás.

el cabello y los cinco elementos

El cabello y el pelo que crecen en nuestro cuerpo también son rasgos, como la voz, que pueden asociarse con uno de los cinco elementos y contribuyen a formar el temperamento de una persona.

Madera	Cejas y pestañas
Fuego	Cabello
Tierra	Vello corporal
Metal	Vello nasal
Agua	Vello facial, axilar, púbico

El cabello y la barba representan la energía o el *Chi* cósmico yin. Se asocian con la condición de la sangre en una persona. Lo ideal es que sean suaves y brillantes, no muy escasos ni muy abundantes.

ᵔ Si el cabello es muy delgado, drena fuerza del cuerpo y la sangre es débil. Su energía y vitalidad es poca, por lo cual la persona puede envejecer de manera prematura.

- Si el cabello es áspero, indica a un individuo impulsivo, activo, agresivo y por lo general de mal temperamento. Es una persona que suele obtener logros a través de su propio esfuerzo. Si es demasiado áspero, indica que el individuo es demasiado impulsivo, tempestuoso y un rival bastante complejo.
- Si el cabello es muy delgado y tipo arbusto o muy pesado indica una vida compleja para la persona. Si es demasiado abundante, la persona es demasiado susceptible y emotiva y le falta aprender buenos modales.
- Si el cabello es suave y brillante describe a una persona que puede obtener una posición alta y ganar buen dinero. Si el cabello es fino, indica a una persona sensible, artística y creativa. Puede llegar a ser hipersensible y tímida, a perder el rumbo para obtener sus metas. Sin embargo, es una persona muy inteligente.
- Si el cabello es delgado y liso, la persona es banal, superficial, dispersa en el amor e insegura.
- El cabello rizado u ondulado indica a una persona inteligente, inestable e inconstante.
- La calvicie se considera en China como símbolo de riqueza y sensualidad. Indica un alto nivel intelectual, siempre y cuando ocurra después de los cuarenta años de edad. Si sucede antes, no es muy prometedor o positivo para la persona, pues puede representar problemas reproductivos.
- Si el cabello es negro y fuerte, es indicativo de vitalidad y buena salud. Las canas o el tono gris en la juventud simboliza demasiada actividad en la vida futura. Si las canas aparecen en la mediana edad indican éxito y logros. El cabello que encanece en la edad adulta indica honorabilidad.
- Es recomendable que el cabello no invada los oídos, las sienes o la frente.
- Si la línea del cabello es muy baja en la frente, indica a una persona inestable.

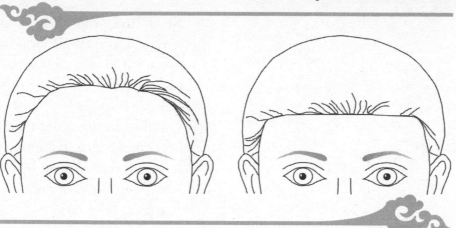

- Si la línea del cabello es dispareja y baja en la frente, representa a una persona de personalidad compleja.
- Una línea alta del cabello indica una excelente relación con los padres.
- Si la línea del cabello es alta y cuadrada, indica un matrimonio difícil con tendencia al divorcio.

- Si la línea del cabello forma un pico en el centro, como una "M", indica a una persona cariñosa y coqueta. Favorece a la mujer, ya que describe a una persona creativa y romántica, capaz de manejar fuertes aspectos de dinero.

- Si la línea del cabello es angulosa, indica a una persona con altas capacidades ejecutivas y bastantes recursos para destacar. Esta persona se enfoca en desarrollar una buena carrera, aunque sacrifique su vida familiar.

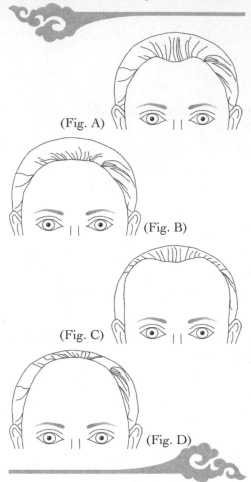

(Fig. A)

(Fig. B)

(Fig. C)

(Fig. D)

๑ Si la línea del cabello es ovalada, indica a una persona intensamente sociable y de muy buenos modales. (Fig. A)

๑ Cuando la línea del cabello retrocede hacia ambos lados de la cara, indica a una persona de mente expansiva. (Fig. B)

๑ Si la línea del cabello es cuadrada o angular, indica a una persona que le gusta experimentar con la vida. (Fig. C)

๑ Cuando la línea del cabello retrocede en forma de calvicie, en los hombres significa ambición y altos niveles de testosterona; en las mujeres significa deficiencia vitamínica. (Fig. C)

๑ Si el cabello es ondulado, se dice que la persona es impulsiva, temperamental, activa, agresiva y exitosa, que se autoemplea o se relaciona con los deportes o la milicia. (Fig. D)

๑ Si es demasiado ondulado, el individuo es temperamental en exceso, con opiniones fuertes y puede ser un oponente o enemigo demasiado poderoso.

๑ Si la persona tiene mucho cabello y este es delgado y

electrizado o muy pesado, es indicativo de una vida dura. Si el cabello es demasiado delgado, pero muy abundante, la persona es muy sensible, fuerte y agresiva.

- Si el cabello es muy delgado, indica a una persona con poca vitalidad y tendencia a envejecer a temprana edad.
- El cabello muy lacio describe a una persona compasiva y poco agresiva.
- La presencia de remolinos en el cabello indica a una persona inestable y rebelde.
- Una complexión delgada con cabello muy delgado indica a una persona con una vida sexual activa y variada.
- Una persona con cabello delgado y rudo es exitosa, aunque tendrá que pelear y defender sus logros.
- Una persona obesa con cabello delgado no es perseverante ni lucha por alcanzar sus metas.
- La frente debe estar libre de cabello, ya que se considera el reflejo del alma. Las mejillas tampoco deben tener vello, pues se consideran las puertas del alma.
- Las mujeres con cabello corto son personas independientes, de sentimientos abiertos y transparentes.
- Las mujeres de cabello corto y rizado son inseguras y conservadoras en cuanto a su vida emocional y de pareja.
- Las mujeres con cabello demasiado corto indican que crecieron con poco amor de sus padres.
- Las mujeres con cabello a la altura de los hombros y ondulado se preocupan en exceso por su apariencia; parecen elegantes pero les resulta difícil relacionarse con otras personas.
- Las mujeres con cabello largo y ondulado son amantes de la buena vida y los lujos. Se fijan demasiado en los detalles.
- Las mujeres con cabello muy largo y lacio son tiernas, bien intencionadas e inteligentes. Les atrae el amor y la belleza.
- Peinado con raya al centro indica personas honestas, valientes y realistas.
- Peinado con raya a un lado revela una tendencia romántica.

- Cuando la barba cubre la boca se limita la llegada de la buena suerte.
- Si la barba es poco poblada, indica a una persona incapaz de destacar de manera independiente, a pesar de tener suficiente talento.
- La barba demasiado poblada indica a una persona muy activa en cuestiones sentimentales, valiente pero poco cuidadosa.
- El vello delgado en la barba indica a una persona tierna, pero llena de dudas e inseguridades.
- El vello facial suave y brillante significa buena suerte.
- El vello facial que crece rebelde y disparejo indica mala suerte en la etapa de la vejez.
- Si la persona tiene fosas nasales muy grandes y visibles, dejar crecer el bigote puede ayudarla a retener la riqueza.
- Los niños con cabello delgado y difícil son desobedientes y traviesos.
- La barba se asocia con un escudo protector que esconde aspectos de la persona. Representa vitalidad y sexualidad mientras no cubra el área del *filtrum*.
- El área de donde cae constantemente el cabello y genera calvicie indica el órgano del cuerpo que se manifiesta débil: si es sobre la línea del cabello, al centro, se refiere a los pulmones; si es a los lados (las entradas), corresponde a los riñones y la vejiga; en la coronilla es el corazón y el hígado; más atrás de la coronilla corresponde a los intestinos.

los cinco elementos en la cara

Los cinco elementos se asocian con rasgos faciales y con órganos del cuerpo; reflejan la fortaleza o debilidad de los órganos y el estado de salud del cuerpo.

El elemento agua se asocia con los riñones. Se analiza en las orejas, la línea del cabello, la frente, debajo de los ojos, el *filtrum* y la barbilla. Cuando se presenta una coloración grisácea o demasiado pálida indica que la salud del órgano es frágil y puede haber problemas. Las ojeras muy marcadas, abultadas y oscuras significan que los riñones están vulnerables y que la persona necesita dormir, beber líquidos y descansar. Cuando se presentan líneas verticales u horizontales debajo de los ojos, significa tristeza acumulada y tendencia a daños en los órganos asociados con el elemento agua. Una línea horizontal que atraviesa el *filtrum* es señal de problemas de infertilidad, menopausia, histerotomía o problemas con próstata y testículos. Si la línea es vertical se interpreta como problemas con los hijos o partos conflictivos y peligrosos.

Emociones desbordadas

Puedes apoyarte mediante la integración de elementos metal y madera en el Norte.

El elemento madera se asocia con el hígado. Se analiza en el hueso de las cejas, las cejas, la esclerótica de los ojos, la forma de los ojos, la sien, el entrecejo y la quijada. Cuando se presentan líneas en el entrecejo indican problemas fuertes asociados con el hígado. Si en el entrecejo aparece una coloración o tonalidad oscura, se interpreta como poca capacidad para controlar el enojo o el exceso, además de abuso del hígado por drogas o bebidas alcohólicas. Si los ojos se perciben hundidos, indican depresión en la persona. Si los ojos (la esclerótica) presentan una tonalidad amarillenta, reflejan problemas en el hígado. Si las sienes presentan hundimiento profundo y anormal, el mensaje es que la persona está perdiendo el deseo de vivir.

Impulso fuera de control

Puedes apoyarte mediante la integración de elementos agua y fuego en el Este.

El elemento fuego se asocia con el corazón. Se analiza en el brillo de los ojos, en las esquinas de las facciones de la cara, en los agujeros de las mejillas y con la presencia de pecas. Cuando la punta de la nariz presenta líneas verticales indica problemas con el corazón; si esas líneas se encuentran en la parte baja de la punta de la nariz, identifican deficiencia cardiaca. Si la punta de la nariz es rojiza, indica un corazón inflamado; si la punta de la nariz tiene una coloración negruzca identifica un corazón intoxicado.

Pasión desbordada

Puedes apoyarte mediante la integración de elementos madera y tierra en el Sur.

El elemento tierra se asocia con el estómago. Se analiza en la boca, los labios, el puente de la nariz, a ambos lados del *filtrum* y bajo los pómulos. Cuando el área debajo de los pómulos es demasiado delgada o afilada indica que el sistema inmunológico se encuentra alterado. Si los labios se ven oscuros, se asocian con obstrucción intestinal. Si los labios están demasiado rojizos, el intestino se encuentra inflamado. Si los labios están demasiado pálidos o blancos indican que el intestino no tiene vitalidad. Los labios rosados son indicativos de buena digestión. Cuando el área a los lados del *filtrum* se encuentra muy marcada, puede indicar la presencia de úlceras en el sistema digestivo.

Estabilidad obsesiva

Puedes apoyarte mediante la integración de elementos fuego y metal en el centro, Noreste y Suroeste.

El elemento metal se asocia con los pulmones. Se analiza en la nariz, en el párpado superior y en los pómulos. El puente de la nariz se asocia con la columna vertebral: si la nariz está desviada, significa problemas con la espalda y la columna vertebral.

Disciplina y rectitud llevada al extremo

Puedes apoyarte mediante la integración de elementos tierra y agua en el Oeste y Noroeste.

diez signos que afectan el rostro

十 殺 格

Es importante poner atención en las siguientes señales y apoyarnos con terapias y medicina preventiva para trabajar nuestras emociones y actitud, con el fin de lograr un cambio.

1. Muerte: manchas negras y oscuras por toda la cara.
2. Llanto y pesar: marcas blanquecinas por toda la cara.
3. Problemas generados por uno mismo: marcas azuladas por toda la cara.
4. Enfermedades y poca salud: marcas amarillentas por toda la cara.
5. Marcas de hundimiento: la cara parece maquillada en exceso con colorete rojo y empastado.
6. Indulgencia sexual: la luz o el brillo de los ojos es ansioso incierto e inestable.
7. Castigo y encarcelamiento: apariencia adormilada y alcoholizada.
8. Litigios y problemas legales: cara con aspecto de quemada.
9. Sufrimiento y tristeza: voz y gestos afeminados
10. Fracaso y cambio de suerte: manchas en la punta de la nariz.

五嶽四瀆

En la Antigüedad, los chinos asociaron los rasgos de la cara con montañas y ríos. En el estudio del Feng Shui (el arte chino de interpretar el paisaje y el entorno, así como la astrología y su efecto en el ser humano) el análisis de montañas y ríos es importante. Las montañas se asocian con la energía de estabilidad, solidez y consolidación, mientras los ríos se asocian con la flexibilidad, la fluidez, las oportunidades y las sensaciones. Los rasgos de la cara se asocian con las montañas y los ríos, y la cara se asocia con el terreno.

Los rasgos que se consideran montañas son la frente, la nariz, las mejillas y la barbilla. Se recomienda que estos rasgos sean prominentes (yang), lo cual se reflejará en éxito en el aspecto material de la vida de la persona. En el concepto chino se considera importante que una montaña tenga respaldo de otras montañas para obtener un adecuado apoyo en cuestiones de consolidación y estabilidad; por ello es favorable que los rasgos considerados montañas sean prominentes en conjunto en la cara de una persona.

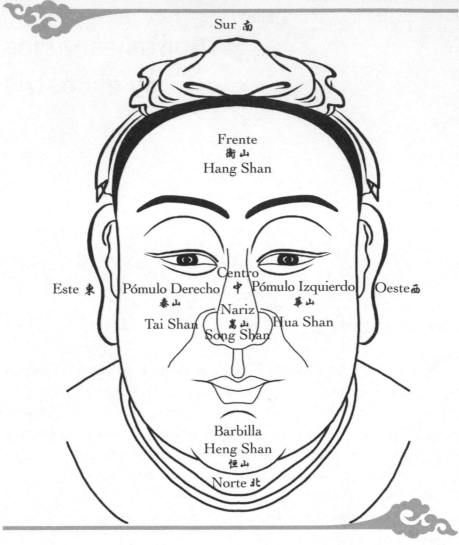

Los rasgos que se consideran los ríos son aquellos que producen humedad en el rostro: orejas, ojos, fosas nasales y boca. Lo recomendable es que estos rasgos se vean humectados.

- Rasgos angulosos ⟶ Energía, raciocinio y constancia
- Rasgos curvos ⟶ Imaginación, sensibilidad y dulzura

Las montañas se consideran las estructuras óseas asociadas con la energía cósmica y activa yang, por lo que se analizan en el rostro para interpretar el éxito que la persona puede obtener en la vida. En el análisis del conjunto de montañas es importante que las cinco sean prominentes, ya que si solo una lo es, no hay equilibrio.

Las montañas del rostro representan el carácter, el poder, la riqueza y la fuerza de la persona.

La frente (Heng Shan). Inteligencia y ambición. Si hay cicatrices en esa área indican alejamiento del país de origen, del lugar de nacimiento o de la casa para salir adelante entre los quince y los 34 años de edad.

La barbilla (Hang Shan). Logros y éxitos. Redondeada y fuerte es positivo, ya que representa obtener riqueza y fama a través del esfuerzo propio. Puntiaguda y delgada indica pobreza entre los setenta y los cien años de edad. La barbilla indica la fortaleza de una persona, sobre todo asociada con la tenacidad para obtener lo que se propone. Una barbilla hundida o carente indica falta de voluntad y tenacidad. Una barbilla puntiaguda y alargada habla de una persona dominante en exceso, con tendencia a la soledad.

La nariz (Sung Shan). El centro, riqueza y liderazgo. Puede promover buena salud y buena suerte si la nariz es recta, fuerte y prominente. Una nariz plana indica falta de camino, de metas y de propósitos en la vida de una persona.

Las mejillas (Hua Shan y Tai Shan). Poder. Bien desarrolladas y formadas indican a una persona nacida para dirigir y guiar a los demás.

En el caso de que las montañas en tu rostro no sean muy definidas, te sugerimos apoyarte en tu entorno mediante la integración de objetos pesados en: Norte, Sur, Este, Oeste y centro.

las cinco posiciones de postura y cabeza

La fuerza vital o *Chi* de las personas es evidente al observar la postura de su espalda y cabeza. Esta postura depende de varios factores, entre ellos, problemas de la vida, fracasos, triunfos, salud y sentimientos de alegría o tristeza. Sin embargo, el porte es una señal de la fuerza vital de la persona y se asocia con su manera de mostrar su cabeza y la voz.

El cuello es el pedestal. La cabeza es el sol y debe estar erguida.

La posición que tiene la cabeza está muy asociada con el éxito que una persona obtiene en la vida.

Primera posición

La posición cabizbaja. La cabeza y la espalda muestran fatiga y falta de vitalidad, causadas por algún problema personal. Denota derrota y baja autoestima.

Apóyate con una fotografía tuya que represente un buen momento de tu vida. Colócala en un marco de color rojo frente a tu cama o escritorio, a la altura de tus ojos con la cabeza erguida. Este es un ejercicio que te ayudará a nivel inconsciente a adoptar una actitud de mayor autoestima.

Segunda posición
Cuando decimos "es una persona altiva", señalamos una postura típica que denota fuerza vital y éxito. El cuello recto y firme y la cabeza erguida.

Tercera posición
Esta es una postura en la cual la cabeza está de lado o uno de los hombros está más caído que el otro. Denota desequilibrio en la personalidad o que el individuo oculta aspectos de su ser.

¿Recuerdas lo que hemos mencionado acerca del concepto del dragón y el tigre desde la perspectiva del Feng Shui? Si este es tu caso, puedes fortalecer al dragón verde en tu entorno: coloca objetos más altos y que destaquen a tu lado izquierdo y objetos más bajos y pequeños a tu lado derecho. Esto ayudará a promover el equilibrio de energía masculina y femenina, así como su influencia.

Cuarta posición
Esta es una postura en la cual la cabeza da la impresión de estar hundida entre los hombros. Esta posición puede indicar, entre otras cosas, pereza, falta de iniciativa e incapacidad para tomar decisiones.

Para equilibrar este aspecto, te sugerimos apoyarte con el elemento madera.

Quinta posición
La quinta posición es la más importante. Esta posición se puede adoptar cuando la persona utiliza su intención y su conciencia. Todas las posiciones ya mencionadas son consecuencia de las experiencias de la vida. Los efectos de estas experiencias afectan

al ser. La cura o solución trascendental es crear el buen hábito de manifestar siempre la quinta posición, representativa de la fuerza creadora universal o *Chi*. Es la cura trascendental para crear la armonía a la que todos aspiramos: la cabeza recta, bien descansada sobre la nuca, apoyada sobre la columna recta de la espalda, mirada al horizonte y con la corona apuntando hacia el cenit, con una línea perpendicular que nos conecta al infinito del universo.

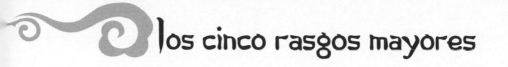

los cinco rasgos mayores

五官

Los cinco oficiales: ojos, orejas, boca, nariz, cejas

$\mathcal{E}$stos cinco oficiales se refieren a aspectos de buena suerte, prosperidad y éxito en la vida. Rigen o determinan el potencial de la persona. Si se tienen buenos rasgos, el éxito sucede. Un oficial con buena calidad representa diez años de buena suerte.

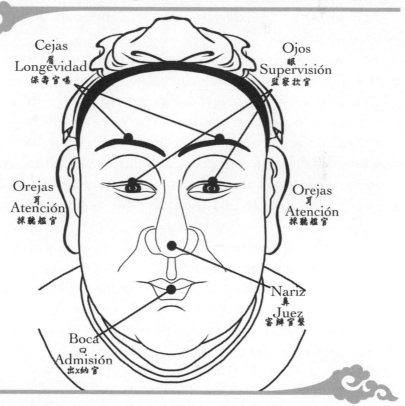

Las orejas

Representan el respaldo familiar. Se asocian con la habilidad de recibir información y simbolizan el potencial de vida de la persona. El ideal es que sean firmes y flexibles.

Las orejas se interpretan para obtener información sobre la infancia de una persona y la educación que recibió en esa etapa.

Se consideran de gran importancia, ya que de ese desarrollo de vida que la persona obtenga en la infancia depende, en gran medida, la influencia y las raíces que tendrá durante su mediana edad para desarrollar su potencial personal y sus habilidades para conseguir logros y éxito, tanto en lo profesional como en lo familiar y en la salud.

Al analizar las orejas se revelan tendencias en actitudes para la edad adulta.

El color planetario de las orejas es blanco, por lo que es deseable que su tono sea más claro que la cara.

Las orejas son consideradas como río dentro de los rasgos faciales, por lo cual es adecuado que se perciban humectadas. No es buena señal que su apariencia sea seca o descamada ni con tonalidad rojiza o negruzca. Si las orejas están muy rojas, indican a personas de mal temperamento. Si la tonalidad es grisácea u oscura, indica falta de vitalidad y pocas metas en la vida.

Las orejas se analizan de acuerdo con el tamaño, la forma y la posición que tienen en la cabeza respecto de las cejas, además de su firmeza y qué tan pegadas o despegadas están de la cabeza.

Las orejas constan de cuatro partes: la rueda externa, la rueda interna, la concha o cavidad y el lóbulo.

⊙ La posición de las orejas
Las orejas ubicadas en posición más alta que las cejas indican personas inteligentes y que obtendrán éxito en la juventud. Si las orejas están en esta posición y son largas, hasta debajo de la base de la nariz, indican que la persona mantendrá el impulso y el éxito de la juventud hasta la vejez.

Las orejas ubicadas por debajo del nivel de las cejas indican que el éxito llegará

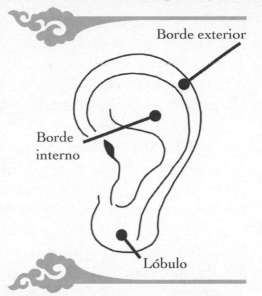

hacia la madurez. Llevan consigo la promesa del éxito y pertenecen a individuos considerados dentro de los más exitosos del

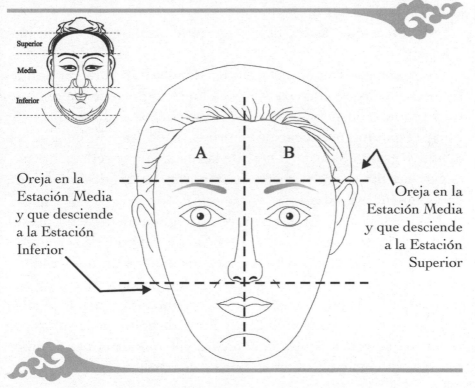

Oreja en la Estación Media y que desciende a la Estación Inferior

Oreja en la Estación Media y que desciende a la Estación Superior

planeta. Son personas con buenos logros en lo profesional y capaces de lidiar con varias responsabilidades. Si las orejas se extienden hasta por debajo de la base de la nariz, significa que la persona llevará su éxito hasta la vejez y asegurará buenas provisiones para su última etapa de vida.

Las orejas ubicadas en posición muy baja respecto de las cejas indican una persona exitosa en la vejez. Durante su vida temprana son personas que no se esfuerzan demasiado y que prefieren que los demás trabajen por ellas. Un hombre con esta posición de orejas dejará que su esposa se encargue de sus gastos y de su vida; es decir, que lo mantenga y se haga cargo de él. Una mujer con esta posición de orejas indica que no está interesada en desarrollar una carrera profesional, que es dependiente o busca depender de una pareja y en la vejez de sus hijos en lo económico.

⊚ El tamaño de las orejas

Lo idóneo es que las orejas sean grandes y alargadas, bien formadas y firmes.

Las personas con orejas grandes denotan un carácter equilibrado e idealista y alcanzarán posiciones importantes a lo largo de su vida. Son personas que corren riesgos y desarrollan un buen respaldo en educación y preparación, por lo cual se les atribuye gran sabiduría. Durante la vejez, que se representa por la tercera división del rostro, obtendrán un grado notable de conocimientos y sabiduría.

Las personas con orejas pequeñas denotan un carácter precavido, prudente y sensato. Su potencial de vida puede ser limitado; sin embargo, si están bien formadas indican un buen estilo y nivel de vida, más planeada y estructurada que aventurada e innovadora. Si las orejas son pequeñas y no están bien formadas indican que la persona vivirá muy limitada en lo que a su propio potencial se refiere, pues encontrará constantes contratiempos durante su vida para obtener éxito y desarrollo.

Para entablar canales de comunicación, las orejas son un punto importante. Observa las orejas: si son grandes, a esa persona le gusta escuchar y analizar; si son pequeñas, a esa persona no le gusta perder el tiempo, es práctica y rápida.

⊙ La textura de las orejas

Si la textura de las orejas es suave, es decir, delgada y translúcida, indica salud delicada y poca fortaleza en la persona.

Te recomendamos apoyarte con el elemento madera en el entorno para equilibrar este aspecto.

Si la textura de las orejas es fuerte con cartílago firme, indica tendencia a rigidez emocional.

Te recomendamos apoyarte con el elemento agua en el entorno para equilibrar este aspecto.

Si detrás de las orejas se presentan huesos sólidos o protuberantes se considera de muy buena suerte.

⊙ Los lóbulos

Orejas con lóbulos pequeños

Esta forma de oreja denota personas que desarrollan notable eficiencia en los círculos sociales, ventas y relaciones públicas. Tienen impaciencia de vivir en el presente y dejan ir las cosas con rapidez.

Orejas con lóbulos grandes

Estas personas destacan por su notable facultad de juicio e imparcialidad. Si las orejas están bien formadas, representan una personalidad extrovertida, deseosa de hacer el bien y ayudar a sus semejantes. Son personas que tienen sabiduría.

Para lograr buenos canales de comunicación, una persona de lóbulos pequeños disfruta los planes y proyectos a corto plazo. Una persona con lóbulos grandes disfruta del aprendizaje, la historia y los proyectos largos y sostenidos.

Si los lóbulos de la oreja están pegados a la cara, describen a personas atadas a la familia de nacimiento en el ámbito emocional.

Si los lóbulos de la oreja se encuentran despegados de la cara, describen a personas cercanas a algunos miembros de su propia familia, pero con poca relación familiar; su tendencia es hacer que sus amistades sean su familia.

Si los lóbulos son delgados, indican a una persona que no disfruta al cien por ciento de los placeres de la vida.

Si el lóbulo es rojizo, describe una persona muy apasionada. Si es demasiado pálido, significa falta de deseo e ilusión.

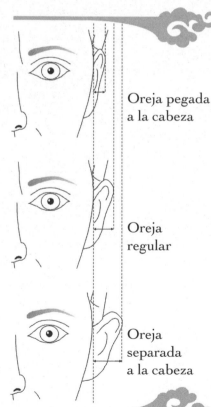

Oreja pegada a la cabeza

Oreja regular

Oreja separada a la cabeza

La forma de las orejas

Cuando la oreja es más ancha en la parte superior describe a una persona capaz de afrontar y resolver riesgos mentales y financieros.

Cuando la oreja es más ancha en la parte media describe a personas capaces en cuestiones de riesgos físicos.

Cuando la oreja es más ancha en la parte inferior describe a una persona muy capaz en cuestiones asociadas con asuntos de seguridad.

¿Contratarás a alguien para alguna actividad financiera, deportiva o de seguridad? Observa la forma de sus orejas.

Las orejas que están separadas de la cabeza, conocidas como orejas tipo alas, manifiestan personalidades despreocupadas. Este tipo de actitud se expresa a menudo en sus relaciones personales; falta de constancia y fidelidad, además de conducta perezosa.

Puedes apoyarte mediante la integración de objetos pesados y sólidos en sectores cardinales como el Noreste y el Suroeste.

Se consideran buenas orejas aquellas que no se ven de frente al observar el rostro. Este tipo de orejas responden a personas nobles, obedientes y disciplinadas, a diferencia de las orejas tipo ala.

Las orejas que se encuentran pegadas al rostro indican a una persona prudente en el manejo de su vida, con la suficiente iniciativa y sabiduría para tomar decisiones y enfocar de manera adecuada su potencial de vida.

Las orejas que se encuentran despegadas del rostro, sin ser orejas tipo alas, describen a una persona fácil de sobrellevar, un poco irresponsable, con tendencia a perder cosas y con una alta tendencia a tener varias relaciones sentimentales.

La concha o cavidad de las orejas

La concha corresponde a la parte interna de la oreja; el puente o rueda externa es el borde exterior de la oreja.

La concha o cavidad interna de la oreja se asocia con el temperamento emocional de la persona. Cuando la concha es fuerte y tiene un color rosado, está bien formada y redondeada, ni plana, convexa o abombada, representa un buen potencial emocional, una persona agradable, con gracia y buenos sentimientos. Cuando la concha es abombada, indica personas necias que solo escuchan lo que quieren escuchar, activas, que manifiestan interés en los demás, pero solo para obtener beneficios. Cuando la concha es plana, indica a una persona poco sociable que reprime y controla sus emociones y le cuesta trabajo comunicarse.

La curva de las orejas

Cuando la curvita pequeña de la oreja, cercana al lóbulo, es amplia, indica a una persona que le gusta la aventura y es de mentalidad abierta.

Cuando la curvita es delgada y angosta, indica a una persona amable y conservadora.

La rueda externa de las orejas

Si el puente de la oreja o rueda externa es irregular o con bordecitos como mordidos, indica que esta persona tuvo conflictos durante su infancia. Esta característica puede asociarse con problemas económicos o sentimentales vividos por los padres en esa etapa de vida de la persona, quien se manifiesta irresponsable y desconsiderada hacia los demás. Indica a una persona injusta.

Si es tu caso, es importante que tomes terapia para trabajar emociones asociadas con infancia y enfocarte en el equilibrio emocional.

Si esta rueda externa es firme, redondeada y describe una curva perfecta, sin marcas ni deformaciones, señala que la persona tiene vitalidad, sabiduría y compasión, con un fuerte potencial de vida.

Si esta rueda externa es delgada y demasiado rojiza, describe a una persona más interesada en los placeres físicos que en el desarrollo mental; le interesa más lo mundano que el desarrollo espiritual y la satisfacción intelectual.

Si esta rueda externa es demasiado delgada y descolorida, describe una persona egoísta que utiliza a los demás para obtener beneficios personales.

Si esta rueda externa es picudita o afilada, en lugar de redondeada o curva, describe a una persona oportunista, injusta, desconsiderada y poco leal.

Observa esta rueda externa cuando inicies una relación, tanto sentimental como de trabajo.

Los vellos en la oreja representan problemas de impotencia sexual en el hombre. La sugerencia es depilarlos.

- Orejas redondeadas, cóncavas: a la altura de las cejas indican gran inteligencia y altas posiciones en la vida. El éxito llegará a temprana edad.
- Orejas planas bien formadas: poder, autoridad, riqueza, honor y éxito.
- Orejas amplias y protuberantes, amplias en la parte superior: riqueza, inteligencia, larga vida. Talento artístico y estético.

Vello en la oreja

- Orejas puntiagudas: inteligencia, rapidez, riqueza y éxito en la madurez de la vida. Individuos activos, independientes, temperamentales, caprichosos y desconfiados.
- Orejas gruesas y con el lóbulo hacia los labios: apoyos externos, facilidad para obtener altos rangos en el gobierno, aman la comida y el sexo, románticos y atractivos.
- Orejas largas con lóbulos largos: personas sabias con oportunidad de vivir una larga y fructífera vida. Fundamentan su vida en el respeto y el honor. Saben escuchar. Serán personas reconocidas, respetadas y escuchadas.
- Orejas largas con concha abombada: no se conforman con facilidad, aventureros, sociables, interesados en lo colorido de la vida. Su éxito está en los asuntos sociales. Sofisticados.
- Orejas pequeñas y bien formadas: conformistas. Buscadores de seguridad y estabilidad, no corren riesgos. Personas graciosas y artísticas, suaves y amables.

Las orejas representan fortaleza en una persona. Desde la perspectiva de la metafísica china, se asocian con el elemento madera, el cual se representa en el Este y Sureste, así como con objetos de madera y plantas. Sus colores son verde, turquesa y azul claro.

Los ojos

Se denominan el oficial vigilante: el que percibe y juzga las situaciones. Es quien tiene la habilidad de percibir el mundo exterior. Los ojos son las ventanas del alma y hablan de los sentimientos de las personas. Se les considera el rasgo más revelador del rostro.

Representan la energía interior; se asocian con inteligencia, creatividad y vitalidad. Son considerados ríos en el rostro, ya que producen humedad.

El ojo izquierdo representa la energía cósmica yang, masculina, creativa y social. Se le conoce como la estrella del sol y representa al padre. El ojo derecho representa la energía cósmica yin femenina, receptiva, pasiva y maternal. Se le conoce como la estrella de la luna y representa a la madre.

Al analizar los ojos se debe observar el tamaño, la posición, el brillo, las pestañas, los párpados y las líneas.

◦ Ojos hacia arriba

El borde exterior de los ojos inclinado hacia arriba tiende a revelar una personalidad impulsiva y de carácter muy emocional. Estos individuos pueden llegar a ser populares y exitosos. Son muy curiosos. Para controlar la impulsividad de carácter, deben frotar las palmas de las manos nueve veces y luego frotarlas en los ojos, entre la frente y la nariz, no menos de nueve veces, hacia arriba y hacia abajo.

⊙ Ojos hacia abajo

Cuando el borde exterior de los ojos es inclinado hacia abajo y la mirada se dirige al interlocutor, pero no directamente a sus ojos, muestra a una persona arrogante, para quien nada es suficiente y se muestra desconsiderada hacia los demás. Es egoísta y busca obtener ventaja de todas las situaciones, aunque también es sensible, intuitiva y gentil.

Si la mirada es hacia abajo, pudiera denotar una personalidad modesta o pretender humildad para ocultar otras intenciones. Este tipo de mirada puede esconder intenciones traicioneras si los movimientos de los ojos son inestables. Este tipo de movimiento de ojos indica intenciones escondidas.

Si el movimiento de los ojos tiende hacia un ángulo lateral, observa con cuidado, pues este movimiento revela una personalidad arrogante, con intenciones engañosas.

Si el movimiento de los ojos es excesivo y presenta parpadeo constante, significa inseguridad, problemas para terminar lo que se empieza, escepticismo y falta de sinceridad.

Posición y tamaño:

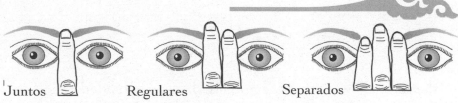

Juntos   Regulares   Separados

⊙ Juntos: racional, concreto, cínico, positivo, voluble, inseguro, distante, desinteresado, apático, triste, franco.
⊙ Regulares: equilibrados, sensatos, ven el panorama completo desde y hacia todos los ángulos.
⊙ Separados: egoísta, avaricioso, indiferente, poco prejuicioso, impositivo, no acepta las ideas de los demás, intolerante, irritable, egocéntrico.

- Pequeños: inteligencia, emprendedor, intuitivo, agudeza de espíritu. Utiliza a los demás en su beneficio, busca siempre sobresalir. Persona analítica y fría que escruta las situaciones.

- Grandes: imaginación, versatilidad, sensualidad, susceptibilidad, inseguridad, observador, voluble, impulsivo, soberbio. Absorbe los sentimientos de los demás, ingenuo e inocente.

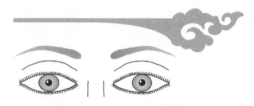

- Ovalados o almendrados: sensibilidad, inteligencia, crueldad, astucia, frialdad, concreto, insatisfacción, aburrimiento, escepticismo, egoísmo.

- Redondos: imaginación, emotividad, susceptibilidad, calma, reflexión, ira, romántico, alejado de la realidad, idealista, sensato.

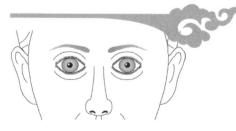

- Saltones: introversión, complejo, apatía, vivacidad, raciocinio, imaginación, disparatado. Si el individuo está comprometido con un proyecto, puede dar lo mejor de sí en el ámbito profesional. Impulsivo, habla antes de pensar y sus reacciones son rápidas ante la problemática que se presente.

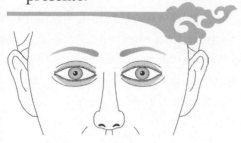

⊙ Hundidos: introversión, autismo, reflexión, melancolía, poca vitalidad, depresivo, susceptible, indecisión, timidez, reservado, dificultad de comunicación, falta de valor. Necesita dulzura y decisión.

Reacciona de manera pasiva ante la problemática que se presente. Sufre con facilidad.

⊙ Angostos: persona detallista de temperamento y reacciones rápidas. No esconde sus sentimientos y le gusta terminar las cosas con rapidez. Muestra sus sentimientos a través de la cara.

⊙ Grandes con iris grande: la persona es fuerte para expresar sus sentimientos. El iris grande indica a una persona inocente y noble, ingenua como un niño.

⊙ Pequeños con iris pequeño: los ojos pequeños significan que la persona protege sus sentimientos y emociones. El iris pequeño simboliza que la persona es egoísta y rencorosa.

⊙ Alargados (tipo oriental): personas de temperamento, actitudes y reacciones lentas; son amables y fáciles de sobrellevar. Tienen capacidad y gusto por los romances constantes.

⊙ Triangulares: la persona perderá dinero por cuestiones de fraude y manejos ilegales entre los 35 y 36 años de edad. Propensa a los fraudes y las pérdidas económicas. Guarda mucho coraje hacia la vida.

Color:

- Oscuros: astucia, sensualidad, nerviosismo, voluptuosidad, voluntad, raciocinio, vitalidad.
- Azules: ambición, inquietud, falsedad, practicidad, egoísmo, debilidad, reserva y fantasía. Naturaleza alegre.
- Verdes: irritabilidad, sensualidad, benevolencia, generosidad, dedicación, valor e inteligencia. Naturaleza misteriosa e intelectual.
- Grises: falsedad, paciencia, practicidad, optimismo, coquetería, entusiasmo.
- Violetas: calidez y carisma.

Si el iris tiene puntitos de diversos colores, se trata de una persona poco amistosa, pero no de malos sentimientos. Le cuesta mucho trabajo obtener metas.

Si el iris presenta líneas de un color diferente, indica a una persona ruda y poco amistosa.

Es idóneo que la parte blanca del ojo sea muy blanca; si presenta tonalidades amarillentas, rojizas o grisáceas, significa poca vitalidad y mala salud en órganos como el hígado, los pulmones y el corazón. Un cierto matiz azul en lo blanco del ojo indica a una persona mística, espiritual e intuitiva. Un lunar en la parte blanca del ojo indica a una persona de carácter inestable que puede perder propiedades, dinero e inversiones.

La presencia de vasitos capilares rojos en lo blanco del ojo indica a una persona ruda y terca. Se verá envuelta en pleitos durante toda su vida.

La presencia de una línea roja que comienza en la esquina exterior del ojo y se dirige hasta el iris es señal de que la persona está en peligro, con riesgo de desastre pronto. Si esta línea roja va desde la pupila o pasa sobre la pupila y se dirige hacia el lagrimal, quiere decir que la persona vivirá un incidente peligroso pronto.

¿Te preocupa lo que indican tus ojos? Los ojos son el reflejo del alma y del corazón. Es momento de trabajar en el perdón, liberar sentimientos y equilibrar emociones. Apóyate con terapias, meditación y cambios de hábitos alimenticios. Comienza por comprenderte a ti mismo, para después comprender a los demás.

Brillo

Es recomendable que los ojos tengan una apariencia húmeda y luminosa, ya que esto describe a una persona con las energías cósmicas yin y yang en equilibrio. Si los ojos muestran un brillo muy fuerte, significa que la persona no tiene dominio sobre sus emociones y puede perder el control con facilidad. Apóyate con lo que representa la energía cósmica yin e intégrala en tu entorno. La mirada opaca representa a una persona carente de vitalidad y energía, con poca creatividad y escasa inteligencia. Apóyate con lo que representa la energía cósmica yang e intégrala en tu entorno. Si la mirada de la persona es muy brillante y vibra significa que la persona es inestable y no tiene control sobre sus impulsos. Practicar meditación puede apoyar a equilibrar los impulsos.

Posiciones del iris en los ojos

⁹ Iris flotante hacia arriba

Indicación de inestabilidad emocional. La persona tiene un fuerte deseo de ganar siempre y hará lo que sea por obtener lo que desea, lo cual le generará más enemigos que amigos. Cede a lo que sea por mantener o tener amor.

⁹ Iris flotante hacia abajo

Denota tendencias hacia la crueldad, perversión y violencia. La persona tiende a tomar el camino equivocado en la vida.

Iris flotante en el centro del blanco de los ojos (se ve lo blanco por arriba y por debajo del iris).

Denota una personalidad excitable con tendencias a la violencia y a crear conflictos. Mal temperamento, apetito sexual insaciable.

☉ Iris equilibrado

Cuando el iris del ojo apenas roza los párpados, denota equilibrio interior y exterior. El iris tiene blanco a ambos lados.

☉ Iris cruzado

Cuando el iris del ojo se acentúa hacia los bordes internos del ojo (la nariz), indica que la persona tiene poca salud y poca convivencia con sus padres o sufrió abandono por parte de ellos.

Párpados

☉ Hundidos: curiosidad, atención, franqueza, espiritualidad, entusiasmo, optimismo, esperanza.

☉ Poco hundidos: reserva, escepticismo, prudencia, egoísmo y crueldad.

- Párpado superior horizontal: egoísta, hábil y calculador.

- Párpado superior bajo: astuto, práctico, materialista, soberbio, poco modesto.

- Párpado superior carnoso: avaricia, astucia, timidez, reserva, diplomacia, meticulosidad, concentración.
- Párpado inferior bajo: debilidad, melancolía, timidez.
- Párpado inferior levantado: cortesía, sensualidad, dulzura, amabilidad y docilidad.
- Párpados amplios: gran orgullo, altas expectativas para uno mismo, perfeccionistas. Son personas que pueden parecer individualistas.

- Párpados angostos: personas buenas para guiar a otros, trabajan bien en equipo, amables.
- Párpados caídos: significa que la persona tuvo un padre o madre muy críticos.
- Párpados inclinados: persona justa, objetiva, capaz de ver y tomar en cuenta los puntos de vista de los demás

Líneas

Una línea marcada horizontal sobre el párpado superior es normal y le da profundidad y dimensión al ojo. Si esta línea no está presente, indica a una persona materialista y visionaria. Si hay más de una línea horizontal (formada por el pliegue o doblez), tanto en el párpado superior como en el inferior, indican a una persona observadora, analítica, de actitudes sospechosas y de intenciones ocultas.

Las pestañas
Cuando las pestañas son largas indican corazón suave y sentimental, sensible y espiritual.

Cuando las pestañas son cortas indican carácter fuerte y temperamental.

Las delgadas y escasas indican a una persona inactiva y apática, con problemas circulatorios.

Las esquinas interiores de los ojos
Se refiere a los bordes interiores de los ojos, incluso el lagrimal. Si estas esquinas son puntiagudas, indican a una persona muy aguda, directa con las palabras y escéptica. Si estas esquinas son redondea-

das, indican a una persona crédula y confiada, que permite que las heridas emocionales del pasado crezcan y dominen sus emociones.

Los ojos gobiernan la suerte de la persona entre los 35 y los cuarenta años de edad. En ellos puede interpretarse la actitud ética, inteligencia, decisión, salud y suerte general de una persona. Los ojos indican si es de buenos o malos sentimientos.

Una mirada fuerte, directa, centrada en el ojo y con blanco a los lados revela a una persona decidida, inteligente, capaz, energética y saludable, sin importar la forma que tenga el ojo.

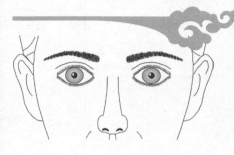

Una mirada débil, con el blanco de los ojos opaco y de apariencia adormilada, indica a una persona indecisa, con poca buena suerte e incapaz de resolver problemas. Es poco saludable y sufre enfermedades constantes en los órganos internos.

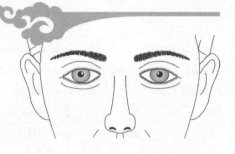

Una mirada demasiado húmeda es mala señal en el caso de las mujeres. Se interpreta como una necesidad de sentirse querida, por lo cual su vida amorosa es inestable. Una mirada de este tipo puede ser señal de divorcio, a menos que la persona se case después de los treinta años de edad. Para los hombres, este tipo de mirada les genera escándalos y problemas legales.

Los ojos se ubican en la división trinitaria del rostro que corresponde al ser humano, por lo cual tienen fuerte influencia en la vida de las personas en la edad madura.

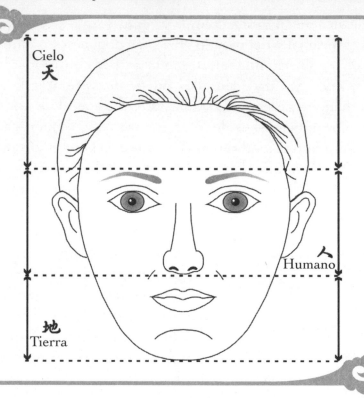

Aquellas personas que tienen un buen esquema de ojos disfrutarán de buena suerte entre los 35 y los cuarenta años de edad. La suerte de los ojos tiene fuerte influencia entre los 37 y los 38 años de edad. Aquellas personas que tienen un mal esquema de ojos atravesarán situaciones difíciles y duras de suerte en esas edades, sobre todo en inversiones, manejo monetario, reputación y mala relación sentimental con una pareja. Apóyate con la integración de objetos pesados en los sectores cardinales Sureste y Suroeste.

La forma de los ojos afecta o indica el pensamiento y comportamiento de la persona.

Debajo de los ojos, en el párpado inferior, se interpreta la tristeza en una persona. Si se presentan círculos oscuros, la persona ha acumulado decepción y tristeza a lo largo de su vida; también denotan deshidratación por tener problemas para dormir. Si se presenta hinchazón debajo de los ojos, indica llanto retenido. La persona necesita llorar y limpiar sus sentimientos.

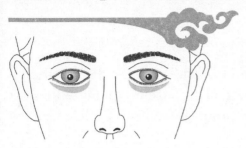

Las "patas de gallo" debajo de los ojos tienen que ver con las relaciones sentimentales. Estas líneas comienzan debajo de la bolsa del ojo y se extienden hacia el exterior del mismo. Denotan a una persona cazadora de amor y diversas relaciones sentimentales. Se trata de una persona muy coqueta y atractiva para el sexo opuesto.

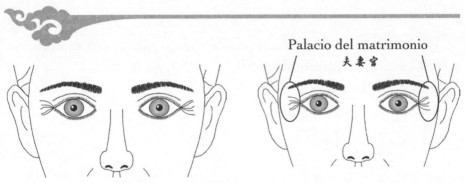

Palacio del matrimonio
夫妻宫

Los ojos desequilibrados, es decir, uno es más alto que el otro, indican que la persona vivirá suerte inestable entre los 35 y los cuarenta años de edad y va a atravesar problemas matrimoniales en esa etapa.

Si la persona duerme con los ojos ligeramente abiertos, indica que no es compatible con su pareja y tendrá mala suerte en la vejez.

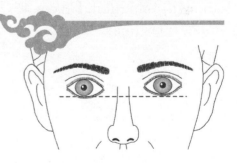

La presencia de un lunar en el borde interno del ojo indica que la persona es altamente sexual. Tendrá pleitos de pareja, en especial a los 32, 35 y 36 años de edad.

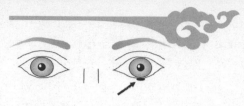

La presencia de un lunar en el borde exterior del ojo indica que la persona no es compatible con su pareja y tiene tendencia a divorciarse. Mala suerte en el amor entre los 35 y los 41 años de edad.

Un lunar en el párpado superior indica que la persona no recibirá herencias económicas por parte de su familia.

Un lunar debajo del lagrimal se refiere a la relación con los hijos. Si se encuentra debajo del ojo izquierdo, se interpreta como incompatibilidad con los hijos. Debajo del derecho corresponde a las hijas.

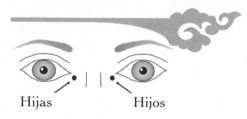

Hijas   Hijos

Si la persona presenta manchas oscuras debajo del ojo o líneas cruzadas como una red, indica problemas para tener hijos.

La presencia de una línea os- cura que conecta los dos ojos significa que la pareja de la per- sona cometerá adulterio. Si esa línea es delgada, no se refiere a adulterio sino a dolores de cabe- za constantes para la persona.

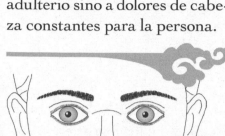

La presencia de una pequeña mancha oscura a un lado del borde exterior del ojo indica que la persona atraviesa por una situación de discusiones y pleitos con su cónyuge. Si es en el ojo izquierdo, se refiere al es- poso; si es en el ojo derecho, se refiere a la esposa. Es decir, ob- serva el ojo izquierdo del hombre para saber si tiene discusiones fuertes con su esposa y viceversa. Si el puente de la nariz entre los dos ojos está hundido, se interpreta como una persona con problemas matrimoniales fuertes entre los 35 y los 41 años de edad que puede llegar al divorcio.

Un hombre que tiene un lu- nar en la esquina exterior iz- quierda del ojo significa que está envuelto en casos legales. Si el lunar está en el borde exterior derecho, indica que su esposa padecerá problemas de salud asociados con la parte baja del cuerpo (ginecológicos) o enfer- medades de los riñones.

El borde exterior del ojo es el área de la relación de esposos. Si estas áreas no tienen líneas, lu-

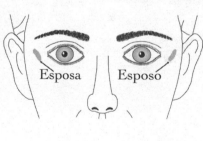

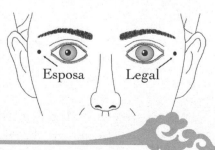

nares, cicatrices o hundimientos, significa una buena relación conyugal.

Los ojos expresan las emociones y la sensibilidad de la persona. En metafísica china se asocian con el elemento agua, representado en el Norte con colores oscuros, texturas y formas irregulares y peceras.

鼻

La nariz

Es el juez, simboliza la integridad, la seguridad y la identidad propia. Representa cómo te ves a ti mismo y los logros en la madurez. Ahí se interpreta la capacidad para generar dinero y cómo se distribuye. La nariz se considera una montaña en el rostro, por lo cual señala aspectos de estabilidad y consolidación para la persona. En la lectura e interpretación del rostro simboliza la riqueza y los logros profesionales, así como la habilidad para obtener oportunidades de crecimiento y acumular y gastar el dinero.

Una nariz prominente es señal de éxito y riqueza para una persona.

Al analizar la nariz, también se percibe la relación matrimonial y la vida familiar.

La nariz corresponde a un punto planetario y a los catorce meridianos principales del rostro, por lo cual guarda mucha relación con la estabilidad que se logra en la etapa de la madurez. El color ideal de la nariz es acorde con el planeta que la rige (Saturno) y es el rosado. Respecto de los órganos del cuerpo, en la nariz se manifiestan los pulmones y el órgano sexual masculino.

Para interpretar la nariz de una persona debes considerar su tamaño, si es prominente, su soporte y su color.

- Grande: voluntad, perseverancia, originalidad, potencial de gran ego, ambición y poder. Son individuos con una fuerte necesidad de hacer de este mundo algo mejor, solitarios y líderes.
- Pequeña: debilidad, indolencia, volubilidad; persona juguetona y gregaria que busca tener una vida fácil.

Para determinar el soporte de la nariz hay que observar si los otros rasgos o las otras montañas del rostro la apoyan; es decir, si la frente es fuerte y prominente, al igual que las mejillas y la barbilla. Es de buena suerte que la nariz sea la montaña más prominente del rostro, pero es de mejor suerte si está respaldada por las otras montañas del rostro. Si la nariz es el único rasgo prominente de la cara, es decir, si el resto del mapa de la cara es plano, pierde valor en cuanto a las características que le corresponden.

Si la nariz es rojiza, la señal es que la persona es extravagante y de poca paciencia y tolerancia hacia los demás.

Si la nariz es muy pálida, sobre todo si el puente es blanquecino, manifiesta falta de vitalidad y enfermedades.

Si la nariz presenta tonalidad grisácea, indica padecimientos físicos para la persona; si el matiz es verdoso, indica abandono para la persona. Si se presenta tono morado, indica una promoción o avance profesional. Si la nariz tiene un matiz brillante, sin caer en grasoso, promete prosperidad y éxito económico para la persona.

La nariz se forma de cuatro estructuras importantes: la raíz, el puente, la punta y las fosas nasales.

Resulta ideal que la raíz de la nariz (o la base) sea clara y suave, así como que tenga un buen color rosado para asegurar la vitalidad necesaria, a fin de obtener éxito. Si la raíz se encuentra rasposa, indica obstáculos en la carrera y niñez con mala salud, así como constantes problemas domésticos.

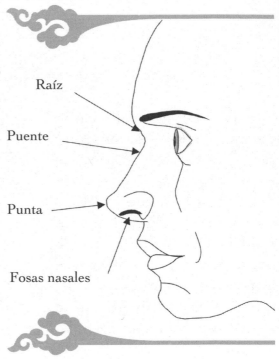

La parte media del hueso de la nariz corresponde al puente; lo ideal es que sea recto para indicar buena salud y vitalidad, además de oportunidad para obtener un buen desarrollo de las capacidades de la persona. Si es delgado o huesudo, indica que la persona es demasiado crítica consigo misma para poder sobresalir en el trabajo y en la vida familiar. Una callosidad o protuberancia en el puente agudiza la actitud de autocrítica de la persona. Si el puente es plano, indica que la persona tendrá que trabajar durante toda su vida para poder tener un nivel medio de vida. Si el puente de la nariz está torcido, indica que la persona tiene desviada la columna vertebral. Si el puente tiene un crecimiento mayor hacia la izquierda, indica una mala relación con el padre. Si el crecimiento es mayor hacia la derecha, la mala relación y la incompatibilidad son con la madre.

La punta de la nariz favorable es la que es redondeada, para asegurar riqueza y éxito. Si la punta de la nariz es delgada y afilada, el dinero no le llegará con facilidad a la persona. La punta carnosa indica a personas que disfrutan el confort y el placer. Si la punta es muy carnosa, indica a una persona hedonista y materialista. Si la punta de la nariz es plana, describe a una persona tradicionalista y conformista que necesita sentirse protegida y segura. Si la punta de la nariz tiene líneas rojizas,

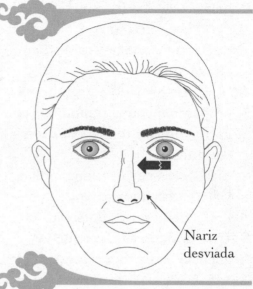

Nariz desviada

indica que la persona atravesará por problemas financieros durante toda su vida y tiene tendencia a beber alcohol en exceso. Un brillo rojizo en la punta de la nariz indica que la persona puede atravesar por una enfermedad seria o gastos fuertes e inesperados a los 38, 47 y 56 años de edad. Un lunar en la punta de la nariz indica problemas constantes con los pulmones y conflictos en el amor a los veinte, 29, 38 y 41 años de edad.

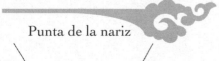

Punta de la nariz

Redonda   Afilada

Las fosas nasales indican cómo maneja el dinero esa persona:

○ Las fosas nasales ideales son las redondeadas, lo cual indica que la persona usa la sabiduría para manejar el dinero.

- Las fosas nasales carnosas y alargadas indican que la persona es demasiado generosa.
- Las fosas nasales delgadas y pequeñas indican que la persona es miserable y cuidadosa con el dinero.
- Si las fosas nasales son proporcionadas en balance y tamaño con la nariz, son favorables para atraer dinero.

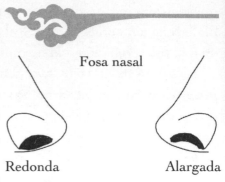

Fosa nasal

Redonda   Alargada

- Si son demasiado alargadas en proporción con el tamaño de la nariz, indican tendencia a perder dinero.
- Si las fosas nasales son amplias y alargadas, indican que la persona puede ser millonaria.
- Las fosas nasales pequeñas y angostas en proporción con el tamaño de la nariz indican a una persona cuidadosa en el manejo del dinero.

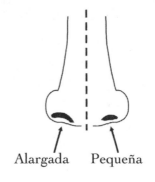

Alargada   Pequeña

- Si las fosas nasales son demasiado pequeñas y angostas, incluso planas, indican que la persona tiene problemas fuertes para ganar dinero y administrarlo.
- Un lunar en las fosas nasales se considera un agujero en la seguridad y estabilidad, lo cual significa que la persona atravesará por constantes gastos inesperados durante su vida.

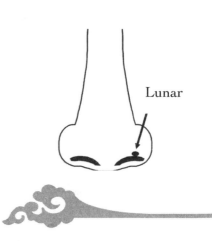

Lunar

174

◌ Si las fosas nasales no son del mismo tamaño o altura, indican que la persona gana y pierde dinero de igual manera. No tiene buena suerte en cuestiones de especulación y apuestas.

Las fosas nasales se refieren a los 49 y cincuenta años de edad de la persona.

Las fosas nasales se consideran ríos en los rasgos faciales, por lo que su apariencia debe ser humectada. Lo ideal es que la abertura no sea visible al observar el rostro de frente, pues las fosas nasales cuyas aberturas son visibles desde el frente de la cara indican falta de modestia y tacto en la persona, además de revelar que gasta el dinero con rapidez.

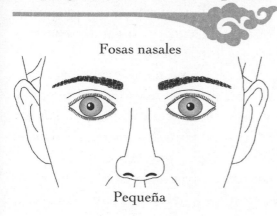

Fosas nasales

Pequeña

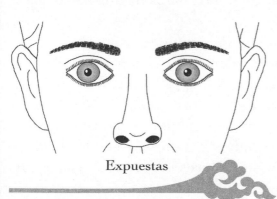

Expuestas

Una buena nariz es aquella que tiene el puente recto con una buena altura. La punta debe ser carnosa y redondeada, de un tono rosado con un ligero brillo, con fosas nasales firmes y no visibles.

El largo de la nariz es proporcional a la nobleza y suerte con el dinero. Una persona con nariz pequeña y corta no está destinada a obtener un alto estatus social, aunque llegue a tener grandes cantidades de dinero. Una buena nariz no debe tener lunares, marcas, líneas o cicatrices.

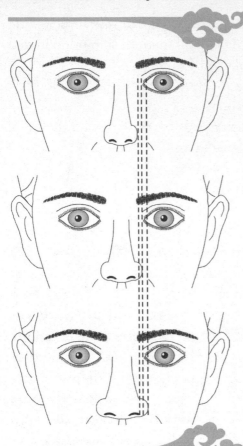

Las mejillas tienen fuerte influencia sobre la nariz. Las que son altas son favorables para una nariz prominente, pues son una señal de alto estatus social y autoridad.

Sin embargo, si las mejillas son altas y la nariz es pequeña o baja, describen a una persona que ofende a sus superiores, siempre quiere hablar y expresar opiniones inoportunas de las situaciones.

Una nariz pequeña con mejillas bajas indica a una persona con poco estatus social y autoridad.

Una nariz grande con mejillas bajas indica a una persona sobresaliente, pero sus subordinados son desobedientes o desaparecen con facilidad.

Cuando se ven las fosas nasales de frente, la persona tiene capacidad para generar dinero, pero poca habilidad para manejarlo. Si las fosas nasales no se ven de frente, habla de una persona que cuida el dinero y lo ahorra.

Una persona de nariz muy grande tiende a sentirse sola.

La nariz se relaciona con el liderazgo y la capacidad para generar abundancia. En metafísica china, el liderazgo se representa con el elemento tierra, con el Noreste, con la montaña y los colores térreos, dorados y ocres, con objetos sólidos y pesados. La capacidad de generar abundancia se asocia con el elemento madera, con el Sureste, con los colores verde, azul claro y turquesa, con plantas de tallos altos y con flores.

La boca

Es la comunicación. La boca indica la personalidad. Como rasgo corresponde a la energía cósmica yin, ya que es una parte sensible, emocional y perceptiva, pues es la que revela la naturaleza emotiva del ser humano. Es la parte expresiva del rostro. Así como la nariz representa el órgano sexual masculino, la boca representa el órgano sexual femenino.

En lo que se refiere a órganos internos, los labios se asocian con el bazo, la lengua y el corazón.

La boca se asocia con el planeta Mercurio, la estrella de agua, por lo cual su tonalidad favorable es el rojizo rosado. Al ser considerada un río en el rostro, es importante que su apariencia sea húmeda. Si se presenta pálida o seca indica falta de energía emocional, de comunicación y de comprensión. Los labios con tonalidad blancuzca indican problemas de circulación sanguínea y la persona pierde grandes oportunidades por falta de vitalidad.

Una boca ligeramente más grande que la nariz es excelente: indica a personas comunicativas con gran influencia sobre los demás.

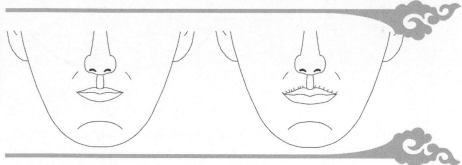

Cuando la boca es pequeña, denota soledad.

Si la boca presenta líneas verticales, indica soledad y tristeza.

Una boca muy larga implica mucho poder y éxito por medio de la comunicación y la expresión.

Si en la mujer la boca es más larga que la nariz (la nariz es la estrella del esposo), indica que se roba el éxito de su marido y adopta sus funciones.

Una boca grande simboliza habilidad para hacer dinero. Si la boca es demasiado grande en proporción con el resto de la cara, indica a una persona que hace planes muy grandes y espectaculares, pero pierde el control sobre ellos.

Una boca amplia indica a una persona generosa.

Una persona con boca angosta está atada a los sentimientos y a las cosas que obtiene y la rodean.

Una boca pequeña con labios gruesos (boca de corazón o de Cupido) indica a una persona autocomplaciente que abre sus emociones a la gente que siente cercana.

Si la orilla de tu boca presenta una tonalidad negruzca, indica que nadie te escucha.

Lo ideal es mantener la boca cerrada, pues denota éxito y poder. La gente que mantiene la boca abierta es torpe, comete errores con frecuencia y no presta atención, además de que no se comunica de manera adecuada.

Boca ascendente

Forma curva de la boca con los extremos hacia arriba. Las personas que corresponden a esta categoría denotan energía optimista y sentido del humor. Poseen gran vitalidad que les permite tener una vida feliz. Su alegría es contagiosa entre amistades y familiares. A veces esto significa que quieren escapar de los problemas sin afrontarlos, lo cual suele generar conflictos, en especial en sus relaciones afectivas.

Boca descendente

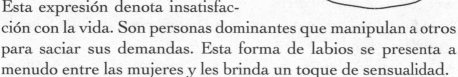

Esta boca es conocida entre los chinos como "boca de pescado". Esta expresión denota insatisfacción con la vida. Son personas dominantes que manipulan a otros para saciar sus demandas. Esta forma de labios se presenta a menudo entre las mujeres y les brinda un toque de sensualidad.

Si los labios son delgados, la persona tiene naturaleza terca.

Si el labio superior es delgado y el labio inferior es grueso, indican a una persona muy competitiva que disfruta las discusiones.

Si el labio superior es ancho y muestra los dientes, indica que la persona atraviesa dificultades por falta de disciplina y pobreza.

Si los labios son gruesos, hablan de una persona que ama las cosas buenas de la vida.

Si los labios son delgados, describen a una persona más sexual que sensual.

Si el labio superior es grueso, indica a una persona expresiva en sus emociones y sensual.

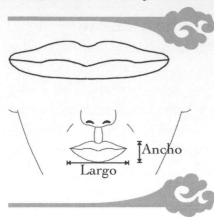

Si el labio inferior es ancho, señala a una persona que gusta del deseo y del placer físico.

Si el labio superior es delgado, indica a una persona con poca capacidad para decir lo que siente.

Si el labio inferior es delgado, la persona reprime su sensualidad.

Si los labios presentan una tonalidad oscura, indican problemas de obstrucción y estancamiento intestinal. También señalan que la persona no obtendrá éxito ni reconocimiento; siempre será subordinada de otros.

Si los labios presentan un tono blanquecino, indican falta de energía y vitalidad.

Si los labios tienen un matiz rojizo, advierten inflamación intestinal.

Si los labios tienen un matiz rosado y rojizo, indican buena digestión.

Si los labios tienen una tonalidad azul violácea, indican problemas de salud asociados con el corazón y la sangre.

Si el labio superior es ancho y el inferior también, pero parece doble, indican que la persona no es feliz y siempre se expresa mal de los demás.

Si el labio inferior es más pequeño en longitud que el superior, señala a una persona mentirosa que hace promesas falsas y no logra mantener una relación sentimental.

Si los labios se ven secos, con líneas verticales en su interior y las comisuras hacia abajo, indican a una persona solitaria y poco amistosa que tiende a sufrir en la vida.

Una persona que se muerde y presiona con frecuencia los labios revela poca honestidad.

Si el labio superior sobresale por encima del inferior, indica problemas de autoestima. Estas personas suelen hacer planes equivocados y provocar daño a los demás.

Prominencia de los labios

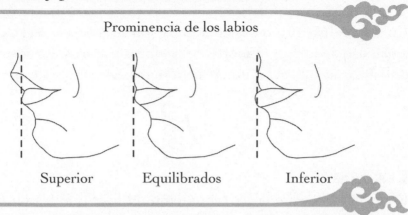

Superior   Equilibrados   Inferior

Si el labio superior presenta en el centro una especie de bolita o globo, indica a una persona parlanchina y argumentadora. Jamás le ganarás en una discusión.

Cuando la línea que divide a los labios es más larga que los labios mismos, habla de una persona que exagera y miente sobre las situaciones, que es fantasiosa y mitómana.

Cuando los labios sobresalen en exceso de la boca, es decir, si parece que están soplando, indican a una persona hipócrita que habla mal de otras personas.

Cuando los labios presentan muchas líneas verticales alrededor, significa que la persona vivirá soledad en la vejez.

La boca gobierna la suerte de una persona a los sesenta años de edad.

En la boca también se interpreta el comportamiento sexual de la persona.

Una persona con labios muy delgados se obsesiona demasiado con el sexo y se apasiona demasiado por los demás.

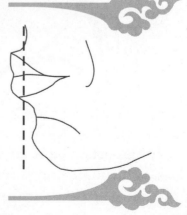

El labio superior se asocia con el amor espiritual y el inferior con el amor físico.

La boca representa la manera de comunicarse de una persona. En la metafísica china, la comunicación se asocia con el elemento agua, asociado con el Norte, los colores oscuros, las formas onduladas y asimétricas, una pecera o una estructura de agua.

Las cejas

Representan la fama, la reputación, el logro de las metas y el temperamento para obtener lo que se desea. Las cejas corresponden a puntos estelares del rostro (el barón y el consejero). Lo ideal es que sean del mismo tamaño para simbolizar que la persona tiene autoridad (el barón) y sabiduría (el consejero) para utilizarlas a favor del beneficio y la equidad. Cuando no son idénticas significa que la persona tiene problemas para conciliar la autoridad y la sabiduría.

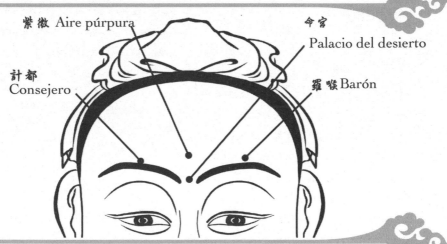

Es importante que las cejas no cubran el punto de otras estrellas; es decir, que no se junten en el entrecejo e invadan el espacio de la estrella aire púrpura.

Cejas invadiendo
la Casa del Destino

Las cejas denotan cómo nos juzgan los demás desde la perspectiva exterior.

Se asocian con seguridad, ahorro, buena salud, habilidad para manejar los retos y las crisis, capacidad para sobrepasar los obstáculos, y el carácter.

Si las cejas son oscuras y pesadas, indican a una persona dominante y efectiva.

Si las cejas son claras y delgadas, indican a una persona adaptable y amena en relaciones públicas y cuestiones de romance.

Si el vello de las cejas es largo por encima de la ceja, indica a una persona con larga vida. Sin embargo, si esos vellos son rizados, muestran tendencia hacia la promiscuidad.

Si las cejas tienen vello por el exterior de su forma y que apunta hacia arriba, la persona obtiene apoyo de sus amigos.

Si las cejas son bien delineadas, indican a una persona que controla sus emociones, es fiel en términos sexuales y desarrolla relaciones humanas placenteras.

Si el hueso de las cejas es prominente, indica fortuna, fama y nobleza.

Si el hueso de las cejas es largo y continuo, indica que a la persona no le gusta que le digan qué debe hacer.

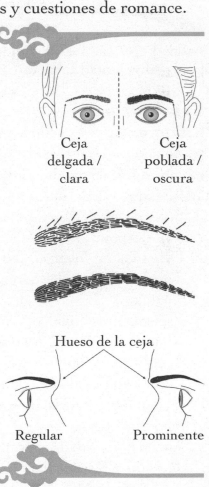

Ceja delgada / clara

Ceja poblada / oscura

Hueso de la ceja

Regular

Prominente

Si el hueso de las cejas es demasiado prominente, indica a personas muy temperamentales que nunca saben cuándo hacer lo correcto. Tienen más enemigos que amigos y siempre se involucran en pleitos.

Si el hueso de las cejas es plano, indica a personas desconfiadas y pasivas que no tienen mucha capacidad de observación y no les gusta competir con otras personas.

Si el hueso de las cejas se encuentra hundido, indica a personas tímidas y de carácter profundo, calculadoras y vengativas.

Forma de medialuna creciente

Las cejas con forma de medialuna creciente pueden denotar una personalidad egoísta. Tales individuos no pararán hasta que logren imponer su voluntad sobre otros.

Ceja horizontal

Esta forma de cejas denota a una persona de carácter severo y dominante. Tales individuos llegan a ser líderes y a ocupar posiciones administrativas de alta responsabilidad.

Si las cejas son muy tupidas, pudieran revelar una personalidad cruel y déspota.

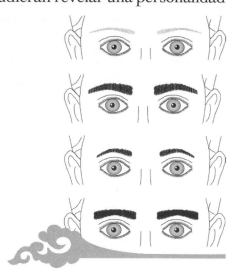

- Delgadas: indolencia, falta de decisión, apatía, pereza mental.
- Espesas: irascibilidad, irritabilidad, eficiencia, espíritu de contradicción.
- Cortas: volubilidad, exasperación, inconstancia, inestabilidad emocional.
- Anchas: vitalidad, energía, decisión y resistencia.

- Arqueadas y redondeadas: docilidad, tolerancia, diplomacia y espontaneidad.
- Arqueadas hacia arriba: valentía, energía, espíritu combativo, introspección y originalidad.
- Horizontales: autoridad, obstinación, tenacidad, falsedad.
- Descendentes hacia las sienes: timidez, inquietud e inseguridad.
- Ascendentes hacia las sienes: alegría, agresividad, energía, audacia, falsedad.
- Unidas: susceptibilidad, celos, exuberancia; son personas muy agresivas.
- Cercanas a los párpados: ambición, resolución, vitalidad, ansiedad, introspección; son personas que trabajan en equipo con facilidad.
- Alejadas de los párpados: indecisión, timidez, ingenuidad y fragilidad emotiva. Son personas que trabajan mejor de manera independiente.
- Ausencia de cejas: apatía, inconstancia, inseguridad, inestabilidad.
- Si se encuentran vellos separados al final de la ceja, indican que la persona gasta el dinero en exceso.

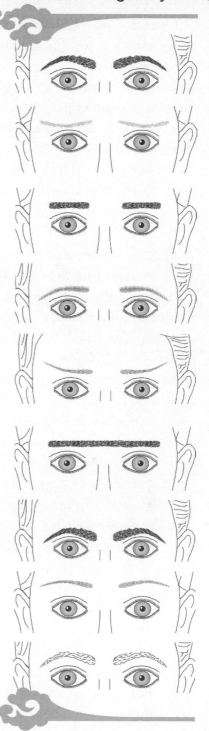

Cuando los vellos de las cejas crecen hacia distintos lados, representan a personas muy confusas, desordenadas y que no aprecian el arte.

Las cejas en forma de tijeras al final (como si se abrieran) indican a personas poco exitosas. No son astutas en sus acciones ni en sus pensamientos y tienden a involucrarse en actos delictivos y deshonestos.

La presencia de cicatrices en el área de las cejas que por lo general dividen la ceja en dos partes significa que un hermano o amigo muy cercano morirá a edad temprana o vivirá lejos; es decir, habrá separación.

Cuando las cejas se encuentran asimétricas o una más alta que la otra, indican a una persona que tendrá o tiene medios hermanos, así como que puede ser adoptada o alejada de los padres.

La presencia de un lunar al centro de la ceja indica inteligencia y la tendencia a tener cuando menos un accidente asociado con agua. Si el vello de la ceja es delgado, entonces el accidente puede estar asociado con fuego.

La presencia de un lunar al final del marco interno de la ceja indica que la persona puede llegar a tener un problema y terminar en la cárcel.

La presencia de un lunar al final del marco externo de la ceja indica problemas en las relaciones amorosas, en especial si se presenta en la ceja derecha.

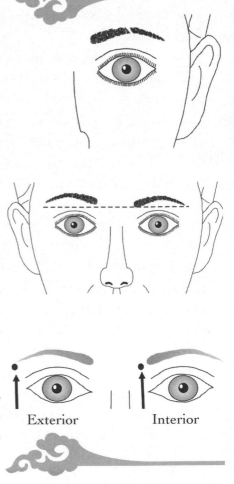

Exterior　　　　Interior

186

Un lunar sobre la ceja, cerca del marco interno, es señal de problemas financieros inmediatos, como insuficiencia de fondos y poca liquidez para pagar las cuentas. Lo mismo sucede si se presenta acné, aunque el acné indica que la complicación será temporal.

Un solo vello demasiado largo en la ceja indica que la persona tiene una cualidad muy especial que puede llevarla a destacar y volverse famosa.

Es de buena suerte el que el vello de las cejas crezca hacia la misma dirección.

Entre más oscuro sea el color del vello de la ceja, mayor reconocimiento y fortuna tendrá la persona.

Es adecuado que la ceja inicie en el mismo punto donde comienza el ojo.

Si el vello al inicio de la ceja crece de manera dispareja o irregular, significa que a la persona le gusta correr riesgos.

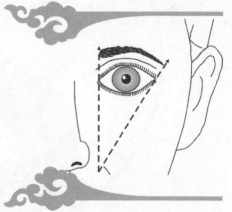

Si el vello al final de la ceja crece de manera irregular o dispareja, significa que la persona es de mentalidad cerrada, no muy confiable y tiene cambios constantes de estado de ánimo.

Las cejas se asocian con el reconocimiento en el rostro de una persona. En la metafísica china representan el fuego, el Sur y los colores alegres y vivos, como el rojo, el anaranjado y el amarillo.

los siete rasgos convincentes

frente, mejillas, mandíbula, barbilla, *filtrum*, ojeras y líneas de la boca.

Estos siete rasgos convincentes forman el respaldo para los cinco oficiales. Cada uno de los cinco oficiales representa un potencial en la vida; es decir, lo que puede hacerse en un área particular de la vida. Los siete rasgos convincentes representan fuerzas directas que fortalecen o limitan el potencial de la persona. Cada uno de estos rasgos simboliza ciertas cualidades:

- Frente: carácter.
- Mejillas o pómulos: poder.
- Mandíbula: estatus.
- Barbilla: fuerza.
- Filtrum: fuerza vital.
- Ojeras: fertilidad.
- Líneas de la boca: longevidad.

La frente

Representa el carácter, la parte yang del intelecto en correspondencia con la parte yin, que es la personalidad. La frente simboliza lo que se hereda, tanto del padre como de la madre, la educación, el respaldo, los principios que se le han enseñado a la persona, la habilidad para hacer juicios y los valores por los que se rige.

La frente representa al planeta Marte; su color favorable es rosado y es benéfico si la frente presenta un brillo no grasoso.

Frente inclinada	➤ Imaginación aplicada a practicidad; individuo impulsivo y combativo, imprudente e impresionable; orador, irritable, despótico, caprichoso, de brillantes intuiciones.
Frente vertical	➤ Obstinado, contradictorio, costumbrista, inteligencia positiva y matemática, raciocinio relevante.
Frente prominente	➤ Prominencia inferior: ingenio y practicidad; observador, eficiente, tenaz y determinado. ➤ Prominencia media: capacidad nemotécnica, tendencia a la meditación y la melancolía; introvertido, indeciso. ➤ Prominencia superior: inteligencia abstracta, dificultad para las relaciones personales, intolerante, original.

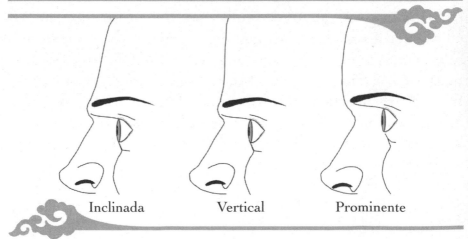

Inclinada   Vertical   Prominente

Si la frente tiene una protuberancia del lado derecho, indica una fuerte herencia o influencia por parte de la familia materna.

Si la protuberancia es del lado izquierdo, indica una fuerte herencia o influencia por parte de la familia paterna.

Una frente redondeada significa una persona con buena imaginación. Si es alta y redondeada, la persona es filosófica y creativa.

Una frente plana es característica de una persona de pensamiento lineal. Cuando la frente presenta un hundimiento o retroceso a partir del hueso de las cejas, indica a una persona de mente manipuladora y dominante, firme en sus tratos y rápida.

Si la frente es alta, se interpreta como una persona intelectual que aprende de los libros y en la escuela. Si la frente es baja o pequeña, se interpreta que la persona es práctica y aprende de la experiencia.

La frente alta representa una excelente relación con los padres. Una frente media, ni larga ni corta, indica un buen respaldo familiar y buen desarrollo intelectual. Una frente pequeña significa que la persona se desarrolla en la vida con poco apoyo de los padres y tiene dificultades para obtener educación.

Si la frente es alta y cuadrada significa que la persona tiene buenas habilidades intelectuales y excelentes valores, así como un fuerte respaldo familiar y fortaleza mental; sin embargo, le costará trabajo mantener una buena relación matrimonial. Si la frente es muy alta y muy cuadrada puede implicar viudez.

Si la frente es baja y cuadrada indica que la persona ha tenido un comienzo difícil en la vida; sin embargo, tiene fuertes habilidades prácticas y buen carácter.

Si la frente es de mediana altura y cuadrada, indica buenos instintos enfocados a la practicidad. El individuo tiene suficiente respaldo para ser exitoso en posiciones que involucren administraciones medianas.

Si la frente es redondeada, sin ángulos marcados y alta, indica a una persona de naturaleza tranquila, nada agresiva ni ambiciosa. Tiene un buen respaldo familiar, pero no es una persona interesada en obtener grandes logros.

Si la frente es baja y redondeada, la persona no tiene un respaldo sólido; tuvo un difícil comienzo en su vida profesional, pero llega a obtener una posición profesional que le brinda seguridad.

Si la frente es redondeada y de mediana altura, indica a una persona contenta con un estilo de vida promedio y no se esfuerza por cambiar o mejorar las circunstancias bajo las cuales haya nacido.

La frente se considera una de las montañas del rostro, por lo que es importante que sea un apoyo para las otras montañas.

La frente se asocia con el carácter. En la metafísica china, el carácter se representa con el elemento metal: Noroeste, Oeste; piedras, gemas; colores gris, plateado, blanco y tonos pastel; formas redondas y circulares.

Las mejillas o pómulos

Se consideran montañas en el rostro y simbolizan poder. Forman parte de la energía cósmica yang que representa poder en los negocios y en la vida pública, así como en el matrimonio y la relación familiar.

En el rostro, las mejillas o pómulos se denominan las montañas del Este y del Oeste. Brindan soporte a la montaña mayor que es la nariz, llamada el Trono del Emperador o el Pico de la Perfección. Es importante que exista un buen balance entre estas montañas para asegurar un buen esquema de poder. No se considera favorable que las mejillas o pómulos estén muy cercanos a la nariz.

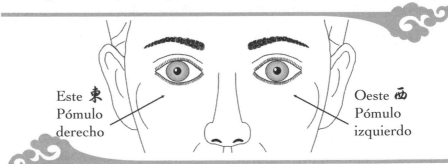

Este 東
Pómulo
derecho

Oeste 西
Pómulo
izquierdo

Las mejillas se dividen en dos partes: las perillas o terminación de las mejillas y la base. En una situación ideal de poder, tanto la base como las perillas son fuertes. El área donde los huesos de las mejillas se conectan con los huesos de los ojos se llama huesos solares. Es importante que esas uniones sean prominentes.

Es necesaria una fuerte estructura de mejillas y pómulos para desarrollar cualquier carrera o profesión que coloque a la persona en un puesto de autoridad; son de mucha ayuda para militares, funcionarios gubernamentales, actores, deportistas y médicos. En el caso de una pareja, aquel que tenga la estructura más fuerte será quien domine en la relación.

Cuando los pómulos y las mejillas son fuertes en la parte frontal y en la parte lateral, indican a una persona dominante, fuerte y decidida.

Cuando los pómulos y mejillas son prominentes en la parte frontal, indican a una persona que pretende ser dominante, pero le falta fuerza para mantener su posición.

Cuando los pómulos son angulosos hacia abajo, indican a personas aventureras y emotivas que disfrutan viajar.

Cuando los pómulos o mejillas son suaves, indican que la persona se deja mandar y manipular.

Cuando los pómulos o mejillas son prominentes hacia los lados, describen que la persona es dominante y los demás lo siguen y obedecen. Es peligrosa cuando no le hacen caso.

Cuando los pómulos y las mejillas son redondeados, indican a una persona diplomática y amigable.

Los pómulos que sobresalen mucho hacia los lados de los ojos ejercen una mala influencia en el matrimonio, en la vida emocional y en la vida sexual de la persona.

Cuando los pómulos son planos, indican a personas sin interés por salir adelante y avanzar en la vida; les falta valor y poder para lograr algo.

Cuando los pómulos sobresalen demasiado y los ojos son saltones, indican a una persona mala, peleonera y feroz para pelear.

En las mejillas puede interpretarse el estatus social de la persona.

Aquellas que tienen un brillo no grasoso significan que la persona obtiene el respeto de los demás y tiene buena suerte profesional.

Las mejillas que tienen tonalidad grisácea indican a personas que tienen poca credibilidad entre los demás y poca suerte en lo profesional.

La presencia de acné y manchas en las mejillas y pómulos significan argumentación y problemas con otros, así como mala suerte profesional.

La presencia de lunares en las mejillas significa que la persona sufrirá pérdidas causadas por culpa de otros. También son señal de que la persona sufrirá caídas profesionales constantes. Malos empleados y malos amigos le harán perder grandes cantidades de dinero entre los 46 y los 47 años de edad.

Cuando las mejillas se encuentran asimétricas o una más alta que la otra, significa que la persona tiene mala suerte en lo profesional y cambios drásticos en el matrimonio durante los años que gobiernan esta zona de la cara, de acuerdo con el mapa de las cien posiciones de las edades en el rostro. La persona manifiesta carácter inestable.

En la metafísica china, el poder se asocia con el elemento fuego: el Sur; los colores rojo, anaranjado y amarillo brillante, y las formas triangulares.

La mandíbula

Se refiere a las raíces del árbol; es decir, representa estatus y posición social. Se interpreta como la posición que la persona obtiene en la vida. Forma parte de la energía cósmica masculina yang. Lo ideal es que tenga un poco de apariencia ósea y prominente; sin embargo, debe estar en balance con el resto de la estructura facial.

Cuando la mandíbula es fuerte y ancha, indica que la persona es de creencias y valores personales fuertes y sólidos. Tiene el deseo y el impulso para defender y pelear por sus convicciones. Puede ser una persona testaruda, dominante y controladora.

Cuando la mandíbula es de estructura delgada, indica que la persona es voluble, cambia de opinión con facilidad y su esquema de valores es flexible.

Cuando la mandíbula es firme y bien definida, del mismo ancho que la frente y redondeada de tal forma que los huesos no son muy prominentes, indica que la persona es autosuficiente y que logra sus propósitos. Obtiene el equilibrio, así como una vida exitosa rodeada de respeto y con buena posición social.

Cuando la mandíbula es cuadrada y marcada, indica a una persona terca, egoísta y orgullosa, capaz de romper esquemas para obtener una posición alta en la vida y con la posibilidad de lograrlo.

Cuando la mandíbula es ancha a los lados y sobresale en la parte trasera del rostro, indica a una persona con naturaleza muy dominante y capaz de obtener altos rangos, aunque solo en actividades militares. En lo social y en los negocios tratará de usurpar el poder. Esta persona intenta estar en rangos altos y puede lograrlo; sin embargo, sus aspiraciones no se lograrán en lo social ni en lo cultural. Le gusta confrontar a los demás para obtener lo que desea. No conviene como enemiga.

Cuando la mandíbula es suave y redondeada, indica que la persona nació en un esquema de vida cómodo y logra mantener la seguridad y el confort, así como su posición social media a lo largo de su vida. Este tipo de mandíbula indica una buena vida, una casa cómoda, una posición segura y estable. Esta persona no aspira a altos niveles ni se arriesga a perder su estabilidad.

Cuando la mandíbula es afilada y delgada, indica salud y carácter débiles en la persona. No llega a realizar sus aspiraciones de estatus y posición, ya que su mala salud y poca vitalidad le afectan. Tendrá una vida llena de insatisfacción y desilusión.

En la metafísica china, el estatus se asocia con el elemento madera: el Este, el Sureste; colores verde, turquesa y azul claro; árboles, plantas y formas alargadas.

La barbilla

Representa la fuerza. Es la parte baja de la cara y es considerada una de las montañas del rostro. Este rasgo se interpreta para conocer la suerte de la persona en la vejez. Una buena estructura de barbilla es aquella que es amplia y forma una pequeña perilla hacia el frente, con amplitud o estructura carnosa hacia el área del cuello. A esa parte carnosa se le conoce como bolsas de dinero y la presencia de ellas en el rostro indica la capacidad de la persona para retener el dinero y consolidar una buena posición económica. Si no existen las bolsas de dinero en el rostro, se interpreta escasez económica, pocas reservas de energía y un sistema inmunológico alterado y desequilibrado. Una barbilla puntiaguda significa soledad y problemas financieros en la vejez.

En esta área del rostro se ve la edad entre los 61 y los 71 años. En este sector del rostro también se ubica la casa de los empleados y los subordinados.

Se le llama Cheng Jiang a la depresión que se ubica debajo de los labios y sobre la barbilla (Di Ge). En ese punto se interpreta la edad de 61 años y la condición del aparato o sistema digestivo. Si no existen líneas, marcas, lunares o cicatrices, la persona rara vez tiene problemas de envenenamiento por comida o intoxicación y puede entrenarse para ser buena bebedora. Por otro lado, si ese punto es plano, quiere decir que la persona no tiene capacidad para ser buena bebedora.

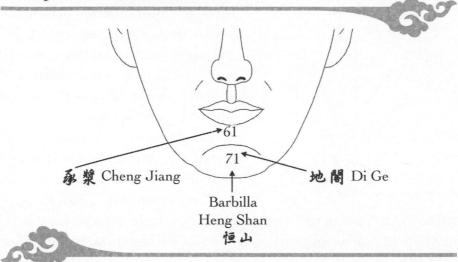

Cuando en ese sector se ubica una cicatriz, líneas o lunares, implican que la persona tiene constantes problemas con el sistema digestivo, así como alergias e intoxicaciones.

Cuando en ese sector aparecen manchas de tonalidad oscura, grisácea o verdosa, se interpreta como problemas digestivos.

El lado izquierdo y el lado derecho se refieren a las edades de 62 y 63 años. Aquí puede determinarse y analizarse si la persona tiene la capacidad de controlar a sus empleados y a sus subordinados. Cuando esta área se presenta carnosa y rosada, se interpreta como una persona que ejerce control y se gana el respeto de sus subordinados. Por el contrario, si se presenta hundimiento en ambos lados, indica que la persona no ejerce control sobre sus subordinados. La persona no tendrá capacidad para retener a sus empleados. Si la persona tiene un negocio, indica que los empleados se rebelan y no cumplen con sus obligaciones.

A los lados de la boca encontramos dos puntos que se asocian con los 64 y los 65 años de edad. En esas áreas se interpreta la salud y las condiciones de las mascotas que la persona tenga en casa. Si esos puntos se encuentran llenitos o carnosos, indican

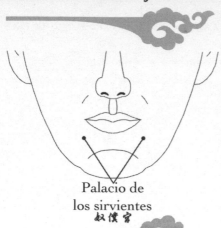

Palacio de
los sirvientes
奴僕宮

un buen estado de las mascotas en casa. Si se presentan depresiones, hundimientos, líneas, lunares o cicatrices en esos puntos, significa que las mascotas de la persona pueden enfermar y morir cuando la persona tenga 64 o 65 años de edad.

Las líneas que parten de las comisuras de los labios hacia la barbilla se refieren a la suerte de los 66 y 67 años de edad. Es muy extraño encontrar una persona a la que se le marquen estas líneas en el rostro. Significan que en la vejez estará en una gran posición de ventaja, con dinero, compañía y buena salud.

Los dos puntos que se encuentran por debajo de los lóbulos de los oídos se llaman Gui Lai y se asocian con los 68 y 69 años de edad. En ellos se interpreta la relación con los hijos y las hijas. Si esa zona es carnosa, significa que la persona tiene hijos amorosos que se

preocupan por ella y la cuidarán. Si se encuentra hundimiento en esa zona, se interpreta como una relación lejana con los hijos y las hijas. La persona se sentirá sola y perdida durante la vejez.

El punto exacto al centro de la barbilla se llama Song Tang. Ahí se ubica la edad de setenta años. El punto más bajo de la barbilla se llama Di Ge y allí se ubican los 71 años de edad. Si ese punto es firme y carnoso, significa que la persona tendrá buena suerte y una familia próspera en la vejez.

Cuando la barbilla es cuadrada, indica a una persona activa y con pasión por los deportes. Esta persona tiene perseverancia y

tenacidad para afrontar tiempos difíciles, además de que aprende del éxito y del fracaso.

Cuando la barbilla es redonda o parece doble barbilla, indica
que la persona es seguidora del placer tanto físico como sexual.
Tiene fuertes valores familiares y tendencia de líder fuerte. Este
tipo de persona se gana el respeto y la confianza de sus subordinados y tendrá excelente suerte en la vejez.

Cuando la barbilla retrocede no es una buena señal. La persona que tiene este tipo de barbilla sufrirá de poco desarrollo
mental y problemas circulatorios y de la sangre. Es de temperamento explosivo. Esta persona actúa rápido, pero sus pensamientos no coinciden con sus actos. A menudo comete errores
por culpa de sus impulsos repentinos.

Barbilla

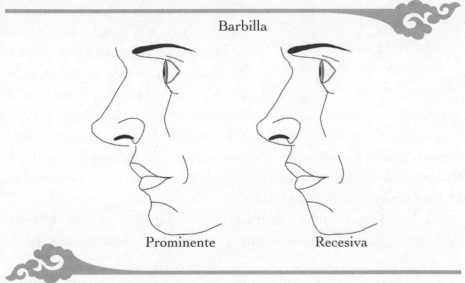

Prominente   Recesiva

Cuando la barbilla sobresale en exceso, indica buena suerte.
La persona tiene la fortaleza necesaria para llevar a cabo sus
propósitos. La barbilla refleja la salud del corazón y del sistema
digestivo, por lo cual este tipo de barbilla señala a una persona
con un corazón saludable. Es capaz de salir adelante en cualquier situación y convertirla en un logro que la conduzca al éxito. La persona tiende a ser necia y variable en sus sentimientos,

por lo que tendrá múltiples relaciones sentimentales. Señala buena suerte en la vejez.

Cuando la barbilla se baja denota miedo e inseguridad.

En la metafísica china, la fuerza se representa con el elemento tierra: Noreste, Suroeste, Centro; colores térreos, dorados, ocres y amarillos; formas cuadradas.

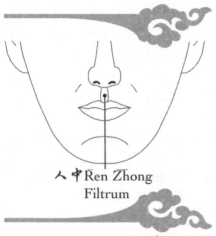

人中 Ren Zhong
Filtrum

El *filtrum*

Corresponde a la cueva que se forma entre la nariz y el labio superior. Se asocia con fertilidad y creatividad. Corresponde con la energía cósmica yin y es considerado un río en el rostro. Representa el sistema de drenado de la cara. Simboliza la fuerza vital, la productividad y la sexualidad. Es el rasgo que conecta a la nariz (órgano sexual masculino) con la boca (órgano sexual femenino), lo cual lo convierte en un rasgo erótico. Este rasgo provee información acerca del comportamiento sexual de la persona, así como de la energía de la productividad para obtener frutos en la vida.

En la cara masculina se considera ideal que mida una pulgada de largo. Esto indica que su energía sexual perdurará a través de su vida.

El *filtrum* se llama también el centro de la vida por la energía productiva que simboliza.

Si el *filtrum* es muy profundo, indica a una persona sensual y fértil.

Si el *filtrum* se encuentra bien formado, es sinónimo de una larga, durable y activa vida sexual, y capacidad para tener varios hijos.

Si el *filtrum* es plano, indica a una persona con muy poco interés en el sexo, con poca productividad en la vida y en el trabajo.

Si el filtrum no está bien formado, si pareciera que no existe o desaparece hacia el labio superior, indica a una persona poco productiva en cuestión de negocios y que no atrae buenos clientes en su trabajo.

Si el filtrum es profundo y bien formado, indica que la persona atrae buenos negocios, sobre todo aquellos que tienen que ver con relaciones públicas; por ejemplo vendedores, organizadores, etcétera.

En el filtrum podemos detectar problemas con los órganos sexuales y con el sistema urinario. Cuando en el filtrum se presenta una línea que lo atraviesa horizontalmente, indica infertilidad y problemas con próstata y testículos. Si la línea que lo atraviesa es vertical, representa problemas con uno o más hijos, incapacidad o falta de creatividad y consolidación.

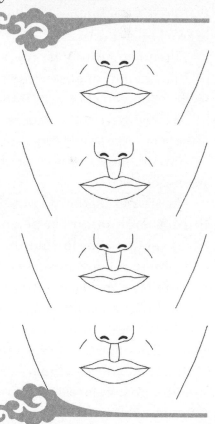

El filtrum acampanado denota una sana capacidad para procrear. Las personas que tienen esta forma pueden tener muchos hijos y muy buena salud.

El filtrum acampanado invertido denota capacidades contrarias a la forma anterior. La potencialidad sexual es escasa, con pocas probabilidades de procrear. Las personas con esta forma de filtrum suelen tener solo un hijo.

El filtrum recto denota capacidades sexuales promedio. La persona que tiene el filtrum recto formará una familia promedio; por lo general tiene solo dos hijos.

Cuando el filtrum no es visible en el rostro, denota personas de escasa productividad sexual, lo cual puede generarles consecuencias negativas durante los últimos años de vida.

La presencia de una cicatriz, lunar, mancha o marca en el filtrum indica a una persona con problemas relacionados con los órganos sexuales y reproductores.

Un filtrum con forma de espada indica que el primer hijo será niño.

Un filtrum con forma redondeada indica que el primer hijo será niña.

Un filtrum inclinado hacia la izquierda indica que el primer hijo será niño y el padre de la persona morirá antes que la madre.

Un filtrum inclinado hacia la derecha indica que el primer hijo será niña y la madre de la persona morirá antes que el padre.

Filtrum profundo, amplio y largo: muchos hijos con grandes logros, buena relación.

Filtrum angosto y largo: pocos hijos con relación lejana.

Filtrum muy angosto: la persona no tendrá hijos o, si tiene hijos, su relación con ellos será muy mala y vivirá soledad en la vejez.

El filtrum irregular indica a una persona incapaz de reproducirse y en una mujer representa un útero irregular.

Filtrum muy amplio o ancho: la persona lleva una vida sexual promiscua.

Cuando el bigote y la barba crecen, pero no hay vello en el filtrum, indican que la persona hace demasiado para ayudar a otros sin que ellos lo valoren.

Cuando salen vellos de la nariz, indican que la persona vivirá constantes pérdidas financieras.

Un lunar en el filtrum, en el caso de hombres, indica que son muy sexuales y promiscuos. También tendrán mala salud en la vejez. En mujer representa problemas con el útero.

En la metafísica china, la sexualidad se representa con el elemento agua: colores oscuros, el Norte, formas asimétricas, estructuras de agua.

Las ojeras

El área que se ubica debajo del ojo es el rasgo que revela la fertilidad en el individuo, el tipo de hijos que tiene o tendrá y su comportamiento. Debe observarse este rasgo para determinar el número de hijos que la persona tendrá.

Lo ideal es que esa área sea ligeramente carnosa, en color claro que significa sensualidad. Si esa área es oscura y hundida, indica a una persona pesimista ante la vida, triste y deprimida. La hinchazón presente en esa área significa que hay desórdenes metabólicos.

Es favorable cuando en esa área se presenta brillo en la piel con textura lisa.

Si esa área es plana y tiene buena coloración (clara y con brillo), indica a una persona con pocos hijos, narcisista, fría y poco expresiva.

Si esa área se presenta hundida y oscura, indica problemas fuertes de salud, infertilidad, decepción de los hijos y negatividad ante la vida.

En la metafísica china, la fertilidad se asocia con el elemento tierra: el Noreste, el Suroeste, el Centro; colores térreos, ocres, amarillos, mostaza y dorados; formas cuadradas y planas.

Líneas de la boca

A estas líneas se les llama Fa Ling. Inician en los bordes de la nariz y corren hacia abajo, a los lados de la boca. Hablan acerca de la longevidad y los logros de la persona. Lo ideal es que sean largas y curvas, pues representan buena salud y larga vida.

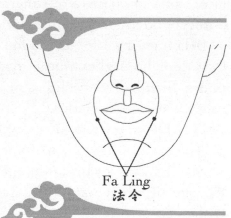

Fa Ling
法令

๑ Las líneas de sonrisa que son largas y continúan curvas hacia debajo de la boca significan larga vida, con mucha vitalidad y actividad en los años tardíos.

Las líneas de sonrisa que solo cubren hacia la mitad de la boca indican que la persona tendrá un buen promedio de vida y que la disfrutará.

Estas líneas existen desde el nacimiento de la persona y le dan expresión a la boca. En estas líneas puede interpretarse la disposición de las personas hacia las órdenes y las reglas, además de la suerte profesional después de los cuarenta años de edad.

La presencia de buenas líneas de Fa Ling indica que la persona tiene un buen manejo de órdenes y reglas respecto de los subordinados. Aquellas personas con líneas poco marcadas de Fa Ling no tienen control sobre sus subordinados.

Cuando las líneas de Fa Ling aparecen en el rostro antes de los treinta años de edad, indican personas con infancia triste y alejamiento del padre. Si esas líneas aparecen después de los cuarenta años de edad, son positivas. Si aparecen después de los sesenta años se les llama cinturones de longevidad, lo cual significa buena salud en la vejez.

Estas líneas también se asocian con los pies. La presencia de lunares en estas líneas o la presencia de varias líneas de distinto tamaño en esta área indican que la persona se lastima los pies con facilidad.

La presencia de un lunar en el Fa Ling izquierdo indica que la persona no asistirá al funeral de su padre; si está en el lado derecho, no asistirá al funeral de su madre.

Si la línea Fa Ling del lado izquierdo es más corta que la del lado derecho, indica que la persona tiene mala relación con el padre. Si el lado derecho es más corto que el izquierdo, la mala relación es con la madre.

Si el Fa Ling tiene líneas o cicatrices, indica fuertes barreras profesionales a los 56 y 57 años de edad.

Si el Fa Ling es brillante, indica buen progreso en la carrera. El color oscuro señala que la persona atraviesa un momento difícil en la carrera.

Si se presenta acné en el Fa Ling, indica que la persona tiene demasiadas discusiones en el trabajo y en los negocios.

Una ligera coloración oscura a un lado, por el exterior del Fa Ling, indica que la persona sufre robos y pérdidas comerciales.

Una ligera coloración oscura, por el interior del Fa Ling, indica que la persona tiene mala suerte provocada por romances familiares.

Una coloración brillante por fuera del Fa Ling, pero oscura por dentro, indica que la persona aparenta estar bien por fuera pero en realidad se encuentra mal en su interior.

Cuando las líneas Fa Ling son largas y curveadas hacia abajo y hacia fuera en la parte baja del rostro, indican a una persona longeva que puede conocer hasta cinco generaciones de su descendencia.

Cuando son largas y continúan hasta curvearse hacia el exterior por debajo de la boca, indican una vida larga con mucha vitalidad y alegría en la vejez.

Cuando son largas y curveadas hacia el interior por debajo de la boca, indican una vida larga pero con soledad en la vejez.

Cuando las líneas de Fa Ling son curveadas y abrazan la boca, indica pobreza y mala salud en la vejez.

La longevidad, en la metafísica china, se asocia con el elemento metal: Noroeste, Oeste; colores blanco, plateado y tonos pastel; formas circulares y ovaladas.

Otros puntos para analizar
Los dientes

Se les conoce como los pilares de la boca. Lo ideal es que sean derechos, largos y blancos, ordenados y cerrados para atraer larga vida, buenas relaciones, inteligencia y una buena posición en la vida. Tener 32 o más dientes se considera de muy buena suerte.

- Dientes redondeados, frescos, blancos y derechos indican muy buena fortuna. Revelan a una persona armoniosa e interesante, artística y balanceada.
- Dientes pequeños, derechos y que muestran mucho la encía indican a una persona ególatra, con poca consideración hacia aquellos que la rodean.

- Dientes fuertes y largos indican una larga vida, mas no sencilla. Tendrá que trabajar duro, pues nada le llegará gratis.
- Dientes que están hacia adentro de la boca indican a una persona solitaria.

Los dos dientes frontales superiores representan a los padres; para los hombres, el diente izquierdo representa al papá y el derecho a la mamá. Para las mujeres es al revés. Si ambos dientes son fuertes y bonitos indican que la relación entre los padres ha sido fuerte y feliz. Si los dientes crecieron en diferentes direcciones, la relación entre los padres ha sido mala. Es importante cuidar ambos dientes frontales, ya que pueden indicar la salud de los padres. Si los dientes son débiles, indica mala salud en los padres. Si hay espacio entre ambos dientes, indica excesiva generosidad.

- Dientes de jade: son blancos, delicados, ordenados y sin espacios entre ellos. Se consideran de buena suerte, ya que denotan éxito, riqueza y buena salud.
- Dientes desordenados y con espacios entre ellos: indican inestabilidad en las finanzas y las relaciones; personas chismosas.
- Dientes rotos, afilados y muy desordenados: indican a una persona mala, celosa, envidiosa, calculadora, frustrada y con problemas económicos y emocionales. Recibe poca ayuda de sus familiares y amigos.
- Dientes hacia fuera: indican a una persona exteriorista que busca el éxito fuera de su lugar de origen. Es egoísta, autodidacta, simpática y agradable.
- Dientes con colmillos muy afilados: indican a una persona que le genera mala suerte a aquellos a quienes ama.

Tipo de sangre

A: personas melancólicas, reservadas, desconfiadas, tímidas, discretas, sinceras, solitarias, sentimentales, de gran corazón; se caracterizan por su fe y esperanza; son sensibles, pensativas, artísticas, tiernas, serias, soñadoras, pacientes.

B: banales, comunicativas, directas, curiosas, impacientes, cambiantes, diplomáticas, lógicas, atléticas, bien habladas, activas, analíticas, prácticas, flexibles, disfrutan de la vida.

AB: melancólicas, tímidas, inestables, inseguras, económicas, adaptables, centradas, comunicativas, solitarias, impacientes, contradictorias, tiernas, de gran corazón, lógicas, sensibles, serias, reservadas, diplomáticas, atléticas, flexibles.

O: arrogantes, ambiciosas, desobedientes, rebeldes, perseverantes, tercas, pacientes, lógicas, inexpresivas, generosas, autosuficientes, diplomáticas, modestas, soñadoras, creativas, valientes, decididas, analíticas.

Líneas faciales

Líneas horizontales de la frente:

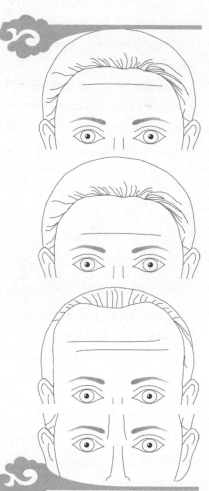

- Si existe una línea horizontal en la frente, cerca de la línea del cabello, ayuda a atraer el éxito.
- Si existe una línea horizontal en la parte baja de la frente, se considera menos afortunada que la anterior y limita el éxito de la persona.
- Dos líneas horizontales se consideran extremadamente favorables. Indican alto nivel de inteligencia. Pertenecen a una persona innovadora y creativa, con un alto nivel de éxito.

Líneas verticales entre las cejas:

- Dos o tres líneas verticales indican un buen intelecto, buen respaldo cultural y perspicacia.

- Más de tres líneas verticales entre las cejas indican una tendencia a gastar la fuerza, la energía personal y el intelecto de manera innecesaria. Significan confusión mental.
- Una sola línea vertical entre las cejas se conocc como la aguja suspendida y augura decepción. A esta persona le cuesta trabajo obtener lo que busca.

Líneas alrededor de los ojos o "patas de gallo": en el ojo izquierdo indican el número de matrimonios y en el ojo derecho los amantes o los romances fuera del matrimonio. La presencia de estas líneas indica problemas en el matrimonio.

Líneas horizontales en el párpado inferior: la presencia de una línea es indicativo de buena suerte. Más de una línea horizontal arriba o debajo del ojo señala a una persona suspicaz y desconfiada.

Línea en medio de la nariz: indica que la persona debe trabajar duro y le va a costar esfuerzo ganar dinero. Una sola línea vertical en la raíz de la nariz de un hombre indica que es dominante.

- **Líneas verticales en el labio superior:** indican a personas egoístas e interioristas, con pocas reservas de energía sobre todo para la vejez.

Líneas hacia arriba en los bordes de los ojos: indican felicidad.

Líneas hacia abajo en los bordes de los ojos: tristeza, rencor, coraje.

Verrugas, lunares y marcas

- Una verruga negra en la cara indica la posibilidad de muerte prematura.

- Los lunares rojos son indicativos de buena fortuna. Para ello deben tener un ligero tono café y estar cerca de la boca.
- Lunares similares cerca de los ojos atraen buenas relaciones con mentores poderosos.
- Los lunares rojos en la frente indican poder y cerca del oído indican la obtención de altos niveles espirituales, en especial si el lóbulo del oído es largo.
- Los lunares en el centro de la cara indican accidentes y oportunidades perdidas, en especial si están entre la ceja y el palacio de la vida.
- Los lunares en la barbilla atraen éxito profesional.

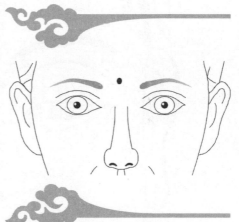

- Todos los lunares de la parte frontal del cuerpo son buenos, mientras los lunares en la parte posterior indican una vida llena de problemas.
- Las cicatrices, las marcas de nacimiento, los enrojecimientos y los granitos se consideran desafortunados.
- Si aparece una cicatriz o marca de nacimiento en la posición de alguna edad, indica que la persona debe tener cuidado en esa época de la vida.
- Algunos lunares pueden indicar buena fortuna.
- Los lunares para los chinos representan una fuerza interior, por lo que lo ideal es que estén escondidos a la vista.
- Un lunar entre las cejas indica alta inteligencia.
- Un lunar entre los ojos indica que la persona va a obtener una alta posición social.
- Un lunar en la orilla de la ceja indica viajes, actividad excesiva e inestabilidad física.
- Un lunar en la orilla exterior del ojo habla de una persona romántica, sexy, atractiva, posesiva y adúltera.

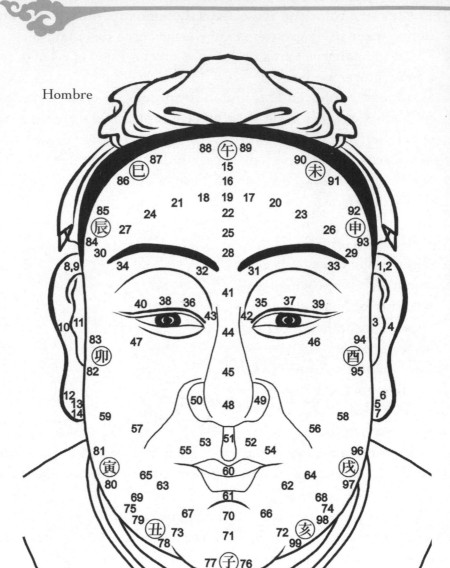

Hombre

流年部位圖

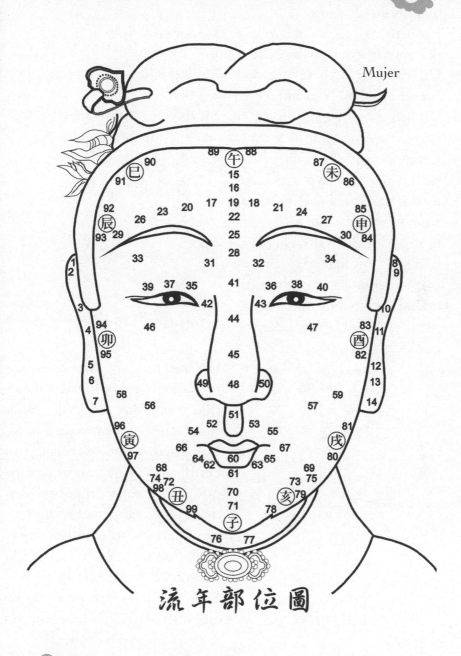

流年部位圖

- Un lunar debajo de los ojos, al centro, indica tristeza por problemas en el amor.
- Un lunar en la parte superior de la mejilla indica fuerza, poder y terquedad. Atrae enemigos.
- Un lunar en la parte baja de la mejilla indica cariño, fortuna y suerte en el matrimonio.
- Un lunar sobre el labio superior indica que la persona disfruta de la buena comida y de los placeres de la vida.
- Un lunar en la barbilla es característico de una persona colorida, parlanchina e inquieta.
- Lunares en el oído: en la parte superior del oído o la oreja indican inteligencia; en la parte media de la oreja indican amor y afecto de los padres; en el lóbulo indican riqueza y buenos negocios.

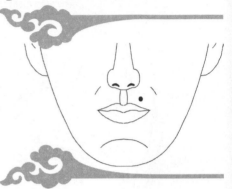

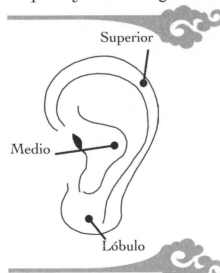

Superior

Medio

Lóbulo

Un lunar en la punta de la nariz de un hombre lo hace atractivo y popular entre las mujeres. Tiene problemas de dinero.

- Los lunares que se consideran conflictivos y negativos son los que se abomban o sobresalen de la piel, como las verrugas.
- Un lunar en las mejillas, debajo de los ojos, indica que a la persona le robarán a su pareja.
- Un lunar al centro de la frente en mujeres significa que tendrán un matrimonio complicado.
- Un lunar al centro de la frente en hombres significa una carrera profesional que se trunca a edad temprana.

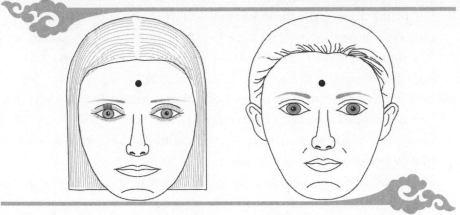

- Un lunar en el centro del puente de la nariz indica problemas de salud.
- Un lunar debajo del ojo indica a una persona llorona.
- Un lunar en las líneas Fa Ling indica que la persona tendrá problemas para obtener reconocimiento en su profesión y grupo social.
- Un lunar en la barbilla indica a una persona imprudente y metiche.
- Un lunar en el párpado indica a una persona susceptible a los robos y a perder las cosas con facilidad.
- Un lunar cerca de la oreja, sobre los pómulos, indica que la persona es excéntrica y rara.

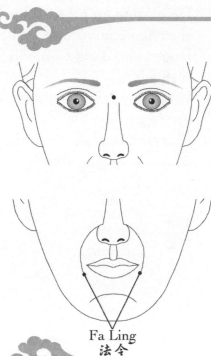

Fa Ling
法令

- Un lunar en la sien indica que la persona tiene facilidad para atraer problemas legales.
- Un lunar en la oreja, por atrás, en el puente, indica que la persona se preocupa por sus padres y les presta atención.

- Un lunar a un lado de las fosas nasales, hacia el Fa Ling, indica que la persona tiene una fuerte capacidad para ahorrar.
- Un lunar ubicado en el lóbulo indica a una persona lista e inteligente.
- Las pecas caracterizan a las personas amistosas y atractivas, con un exceso de elemento fuego.
- Una peca o lunar pequeño y rojo en el *filtrum* puede indicar que la persona tendrá gemelos.
- Los granitos son señales de algún evento problemático, de acuerdo con el área facial donde aparecen.
- Un granito en la línea de la sonrisa, alrededor de la boca, indica estrés en la relación con los padres o superiores.
- Un granito en las mejillas indica que los planes avanzan por el rumbo equivocado y que hay que hacer ajustes.
- Un granito en la frente indica dificultades entre la persona y sus padres.
- Un granito cerca de los ojos indica discusiones o problemas con la pareja
- Un granito en la nariz indica problemas digestivos y económicos.

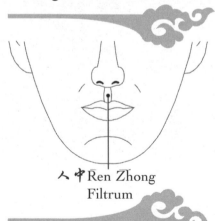

人中 Ren Zhong
Filtrum

- Un granito en el *filtrum* indica problemas en órganos sexuales
- Un granito debajo del párpado inferior del ojo indica mala salud para el hijo: una pequeña infección o gripe se presentará a más tardar en quince días.
- Un granito en la punta de la nariz indica gastos excesivos e innecesarios, pérdida de dinero.
- Un lunar debajo del ojo izquierdo indica que hay que prestarle atención al hijo mayor.
- Marcas de piel seca en los párpados superiores indican que el nivel de colesterol se encuentra elevado.

214

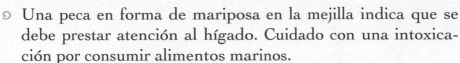

ᴓ Una peca en forma de mariposa en la mejilla indica que se debe prestar atención al hígado. Cuidado con una intoxicación por consumir alimentos marinos.

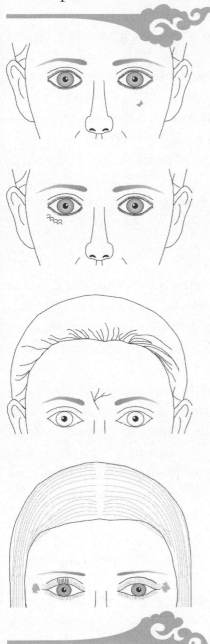

ᴓ Si en el párpado inferior derecho se presentan bolitas o erupciones tipo alergia, indican la posible formación de piedras en la vesícula.

ᴓ Venitas rojas en el entrecejo indica que puede presentarse un problema fuerte, en menos de un mes, relacionado con cuestiones legales

ᴓ Un granito en la barbilla indica problemas con subordinados y empleados.

ᴓ Una verruga a la mitad del cuello indica que la persona puede morir debido a enfermedades de la garganta.

ᴓ Si se presentan manchas oscuras en los bordes exteriores de los ojos indica que la mujer, si es casada, tiene un romance extramarital.

ᴓ Un granito en la frente del lado derecho indica que hay que cuidar y prestar atención a la salud de la madre; del lado izquierdo, atender al padre.

ᴓ Un granito en el borde exterior del ojo izquierdo indica que el marido necesita hacerse una revisión médica.

215

- Si hay una línea en el lóbulo de la oreja, indica que la persona es adicta al trabajo.
- Si la parte superior de la oreja se torna grisácea y la piel se reseca, indica que la persona necesita revisar sus riñones.
- Si la frente y las ojeras presentan un matiz grisáceo y la piel seca, indican que se va a presentar una etapa difícil.
- Si la piel alrededor de los labios se torna grisácea, indica que es urgente una revisión ginecológica.
- Color grisáceo en la mandíbula indica que hay que tener cuidado con el dinero y hacerse una revisión médica.
- La presencia de puntos negros en la nariz indica problemas económicos.
- Si es muy notable que un hombre tiene más grande el ojo izquierdo, indica que puede ser golpeador y violento.

Hábitos

Si la persona se muerde las uñas, indica que no es feliz a causa de una situación externa, pero no tiene la fortaleza interna para cambiar esa situación o dejarla a un lado. Señala excesiva obediencia con problemas de autoestima, falta de concentración e impaciencia.

Si la persona se frota la barbilla, indica que se encuentra atrapada en una situación difícil y no tiene a alguien cercano con quien platicarlo en confianza. Falta de valor y cambios de estado de ánimo.

Si la persona se frota la cabeza con los hombros, indica que atraviesa por un problema que parece no tener solución. Se trata de una persona reservada, tímida, melancólica y pesimista.

Si la persona suena o mueve el pie, indica que no está de acuerdo con su pareja, pero no se atreve a expresarlo. Es una persona impaciente y envidiosa.

Si la persona suena o mueve los dedos, indica que está molesta porque no logra sus metas. Se trata de una persona fría y desconfiada.

Si la persona se toca y frota su nariz, indica que está insatisfecha porque las cosas no han iniciado como desea. Tiene demasiados deseos pendientes. Es una persona que se asesora bien, valiente y estresada.

Si la persona se muerde los labios, indica que está desarrollando nuevas ideas y proyectos o busca la forma de alcanzar una meta.

Si la persona se frota las manos, indica que está contenta porque ha logrado algo sin confrontaciones. Se trata de una persona honesta, seria y buena estratega.

Si la persona juega con los dedos, indica que se concentra en un solo proyecto o aventura y no escucha la opinión de otro. Es una persona nerviosa, ignorante, arrogante y ególatra.

Si la persona se ríe con frecuencia, indica que es insegura, impaciente, ególatra y necesitada de atención.

La lengua

Este rasgo se emplea para comunicarnos, por lo que una lengua pequeña y puntiaguda significa que la persona es fuerte en el uso de palabras, mientras aquellos con lengua grande enfrentan problemas para expresarse de manera adecuada.

La lengua roja indica a una persona sana; si la lengua tiene matices negros, indica que la persona no tiene un alto rango social ni un trabajo respetable. El color blanco en la lengua indica que la persona está enferma.

Se dice que si la persona puede tocar la punta de la nariz con la lengua, indica que tiene reconocimiento y gran linaje y que es poderosa, como un rey o un duque.

Tres líneas paralelas marcadas en la lengua indican riqueza para la persona. Si la lengua es corta, es señal de pobreza.

Las arrugas

Tanto en la Antigüedad como en la actualidad, los adultos mayores son tratados con alto nivel de respeto en China, a diferencia de Occidente, donde se rinde culto a la juventud. Las arrugas en el rostro tienen un gran significado: son experiencias, sabiduría y conocimiento.

- Las arrugas que se extienden de manera amplia y clara a los lados de la nariz hasta las esquinas de la boca son señal de alegría y denotan una larga vida.

- Las arrugas que se extienden de manera profunda desde los lados de la nariz y bajan por los lados de la boca hacia la barbilla indican personas exitosas, pero con dificultades en la vejez.

- Las arrugas que se extienden de manera profunda desde los lados de la nariz y bajan por los lados de la boca hacia la barbilla y forman una media luna indican riqueza o larga vida.

- Las arrugas que se extienden desde los lados de la nariz hacia los labios, forman una especie de anillo y bajan de manera abierta hacia la barbilla indican que la persona deberá lidiar con problemas tanto sociales como financieros.

- Las arrugas que se extienden de los lados de la nariz, bajan hacia los labios y suben hacia la base de los ojos, a los lados de la nariz, indican que la persona ha abusado de algunos vicios y se encuentra enferma.

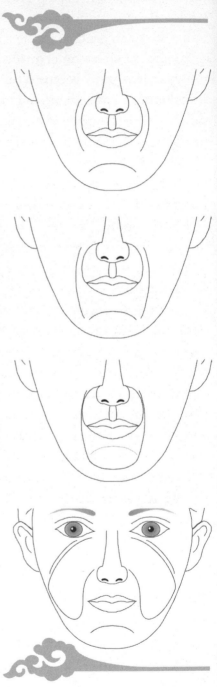

- Las arrugas que atraviesan la frente de lado a lado indican una vida llena de problemas y pesares.
- Las arrugas profundas y verticales en la frente indican que la persona guarda y acumula muchos miedos.
- La presencia de dos arrugas profundas, cada una de la ceja hacia la frente y una tercera profunda en el entrecejo indica un gran pesar presente durante toda la vida de la persona.
- Una sola arruga profunda en el entrecejo indica que la vida de la persona no será larga.

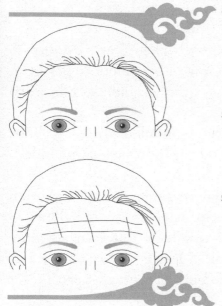

- Una sola arruga vertical en una de las cejas y otra arruga sobre la otra ceja en forma de L invertida indican a una persona insatisfecha y poco feliz.
- Arrugas en forma de cruz en la frente indican la posibilidad de que la persona abandone las tradiciones familiares.
- Arrugas en la frente en forma de parrilla o *grill* indican que la persona no puede esperar muchas cosas buenas en la vida debido a su pesimismo y miedos.

¿Peinado?

- La presencia de remolinos indica a una persona rebelde.
- Una persona muy delgada de cabello muy delgado indica que tendrá una vida sexual variada.
- A una persona con sobrepeso con cabello delgado le hará falta coraje y valor para esforzarse por el éxito. Tendrá que empeñarse mucho.
- Se recomienda que la frente esté libre de cabello para evitar obstáculos para el éxito.

- Las mujeres con cabello corto son personas de corazón abierto e independiente.
- Las mujeres con cabello demasiado corto crecieron con poco amor de sus padres, exigen atención, amor y son protagónicas.
- Las mujeres de cabello corto y algún tratamiento de permanente indican inseguridad y son conservadoras en cuestiones de amor y de vida.
- Las mujeres con el cabello a la altura del hombro y que hace curva hacia adentro en las puntas indican preocupación por su aspecto y no les importa nada más. Su apariencia es elegante, pero es difícil convivir con ellas.
- Las mujeres cuyo cabello es largo y rizado (con rizadores o tubos) son románticas y desean una vida cómoda y perfecta. No son serias. Consiguen lo que quieren, incluso con poco esfuerzo.
- Las mujeres con cabello muy largo y ondulado aman los lujos de la vida y desean profundizar en aprendizaje y conocimiento. Son detallistas y perfeccionistas.
- Las mujeres con cabello largo, lacio y suelto son tiernas, bien intencionadas e inteligentes. Les atrae el amor y la belleza.
- Las mujeres de cabello largo y peinado en una trenza son de autoestima sólida, listas y limpias. Les gusta ayudar y son abiertas a todo tipo de conocimiento espiritual, pero no les gusta la vida social.
- Las mujeres de cabello largo, peinado como chongo o moño hacia arriba, tienen buen gusto y son elegantes, pero pueden ser arrogantes.
- Las mujeres con gel en el cabello son amistosas, pero selectivas. Son más exitosas en su vida profesional que en la privada.
- Un peinado que cubre la frente significa que la persona sufre por algo que no quiere revelar. Su carácter es tierno y amable, aunque no lo parezca.
- Los peinados que cubren las mejillas se interpretan como que la persona es muy enojona y tiene muchas dudas sobre sí mis-

ma; es decir, poca autoconfianza. Da la impresión de lograr cosas extraordinarias, lo cual es verdad, pero al mismo tiempo hay un miedo constante. Por lo general tiene problemas con su pareja.

- Los peinados con línea en medio indican que la persona es realista, valiente y honesta.
- Los peinados con línea hacia algún lado indican una tendencia romántica o emocional.
- Las mujeres que peinan su cabello hacia atrás no siempre manifiestan sus verdaderos sentimientos. Tienen carácter noble y mucha comprensión hacia los niños.
- Las mujeres occidentales que prefieren el estilo de peinado afro a menudo buscan cosas nuevas y amor para tomar sus propias decisiones. Siempre se ven envueltas en situaciones difíciles.

¿Barba?

- La barba tupida y sólida indica que la persona es muy activa en cuestiones de amor. Es valiente pero poco cuidadosa.
- Poca barba indica que la persona no es capaz de ser exitosa de manera independiente, aunque tenga talento.
- El cabello delgado en la barba indica que la persona es tierna, pero llena de dudas. Necesita la ayuda de otras personas para mantener el éxito. Es impaciente, con altas y bajas constantes.

la parte trasera de la cabeza

La parte trasera de la cabeza es de especial interés. En el pasado, algunos expertos decían que solo necesitan sentir la parte trasera de la cabeza de una persona para determinar su suerte y su personalidad. Es adecuado que las zonas de la parte trasera de la cabeza sean redondeadas y fáciles de tocar. Esto indica aspectos positivos.

- Parte superior trasera de la cabeza en ambos extremos: la persona es inteligente y será exitosa.
- Parte superior trasera central: indica suerte en aspectos financieros.
- Parte media de la parte trasera de la cabeza ligeramente a los lados: la persona es muy inteligente y puede volverse rica y famosa.
- Parte central de la parte trasera de la cabeza: se puede presentar fama y riqueza poco usual.

- Parte baja de la parte trasera de la cabeza a ambos lados: la persona tendrá larga vida y saldrá bien librada de cualquier situación.
- Parte baja central de la cabeza a ambos lados: se le llama el dragón doble; garantiza larga vida, fama y riqueza.
- La nuca al centro: la persona será exitosa, aunque su personalidad sea extraña y peculiar.

diferencia entre buenos y malos matrimonios

La suerte en el matrimonio puede interpretarse en las mejillas, la nariz y las esquinas exteriores de los ojos.

Nariz: una nariz grande, recta, sin lunares, líneas o cicatrices indica que la persona puede obtener asistencia y apoyo del sexo opuesto y tener buena suerte en el matrimonio. La excepción es si los huesos de las mejillas no son prominentes.

Una nariz grande pero con pómulos poco prominentes indica a una persona con quien es difícil identificarse; tiene relaciones débiles con hijos e hijas, pero puede tener un buen matrimonio con una pareja que le ceda el control de todo.

Una mujer con nariz prominente, pero con pómulos poco prominentes, tiene tendencia a sufrir problemas matrimoniales y es posible que permanezca soltera durante toda su vida. Es una persona egocéntrica y muy confiada en sí misma. Siempre piensa que merece algo mejor. Aun si encuentra una pareja, tiende a separarse por esa creencia.

Una mujer con un puente bajo o pequeño de nariz tendrá buena relación y buena influencia en la suerte de sus hijos e hijas, pero vivirá conflictos en el matrimonio. Esto puede cambiar si se casa con una pareja al menos diez años mayor que ella o con un hombre viudo. Esto le generará buena suerte en el matrimonio.

La esposa de un hombre con un puente bajo o pequeño de nariz no será de mucho apoyo en términos de suerte y profesión.

Lunares, líneas o cicatrices en el puente de la nariz significan conflictos en las relaciones de pareja y en la salud. Anuncian discusiones constantes.

En las mejillas puede interpretarse si la mujer apoya la suerte del esposo o le afecta. Una mujer con nariz grande y pómulos marcados favorece la suerte de su marido y lo impulsa al éxito.

Una mujer con puente de nariz pequeño pero pómulos marcados favorece la suerte de su marido, sin disfrutar los beneficios de su éxito.

En las esquinas exteriores de los ojos se interpreta la relación de pareja. Si estas áreas no están hundidas, no tienen lunares y no apuntan hacia abajo, indica buena relación de pareja.

La presencia de lunares en estos puntos indica que la relación no es ni buena ni mala. Si el lunar está en el ojo izquierdo, se asocia con mala salud del esposo; si está en el derecho, indica salud frágil de la esposa.

Las esquinas exteriores de los ojos que apuntan hacia abajo representan la posibilidad de divorcios, en especial si están presentes en la mujer, y la tendencia se dará a los 39 y 40 años de edad.

Mujeres que favorecen la suerte de la pareja y se benefician con su éxito:

Las mujeres con estas características tienen buena suerte en el matrimonio. Sus esposos serán cada vez más exitosos y ellas no tendrán que preocuparse por cuestiones de dinero.

Frente: este tipo de mujeres tienen la frente más amplia que lo normal.

Cabello: el cabello suave y delgado representa amabilidad y pensamiento artístico. Tendrá la capacidad de manejar las discusiones con su pareja y terminar con cualquier conflicto.

Cejas: sus cejas son limpias. Representan temperamento estable y pensamientos claros, lo cual se reflejará en que no le generará problemas a su esposo y él se concentrará en el trabajo.

Pómulos: sus pómulos son altos y fuertes, señal de buena suerte para su esposo. Los pómulos huesudos son mala señal.

Boca: una buena boca para este caso debe ser más pequeña que lo normal, rojiza. La boca pequeña indica que la esposa se mantiene en su posición sin retar la autoridad de su marido. Los labios rojizos son señal de riqueza y reconocimiento.

Ojos: alargados con grandes glóbulos oculares son señal de riqueza. También significan que la mujer es amable y de carácter gentil.

Nariz: grande y recta es buena. La nariz indica la suerte del esposo, así pues una nariz grande y recta indica que la esposa disfrutará del éxito de su marido toda su vida.

Forma de cara: redonda es la que indica mejor suerte.

Barbilla: redondeada y carnosa significa buena suerte en la vejez y buena relación con hijos e hijas.

Mujeres que favorecen la suerte de su pareja sin beneficiarse de su éxito:

Este tipo de casos indican mujeres que trabajan duro y apoyan a su esposo o pareja. Pueden tener una buena vida, pero a través de su esfuerzo, y tendrán que tomar todas las decisiones por sus esposos para tener éxito.

Cara: redonda y carnosa implica buena comunicación con las demás personas y flexibilidad para negociar. Obtendrá apoyos de otras personas con autoridad.

Frente: por lo general la frente de estas mujeres tiene abultamientos en las esquinas y línea baja del cabello. Sus cejas crecen separadas y la frente media es plana. Esto indica que su inteligencia es buena y tienen la capacidad de sobrellevar las situaciones difíciles. Son generosas, de mentalidad abierta y no se obsesionan con detalles pequeños.

Nariz: por lo general tienen nariz pequeña pero buenos pómulos. El puente bajo o pequeño de la nariz indica que no pueden solo sentarse y disfrutar del éxito del marido. Sus pómulos indican que pueden ayudar a su marido sin restarle autoridad.

Boca: estas mujeres tienen boca grande y labios delgados, lo cual significa que alegran la relación mientras sean cuidadosas con las palabras y disfrutan de la buena comida. La boca grande significa que la mujer es atrevida y adaptable, aun en ambientes no conocidos. De esa manera puede apoyar la carrera profesional de su esposo.

Barbilla: estas mujeres tienen una barbilla redondeada con mandíbula amplia. La barbilla redondeada significa buena suerte y abundancia en la vejez; la mandíbula amplia significa éxito, energía y perseverancia ante el fracaso.

algunos casos más de hombres que obtienen buena suerte de la esposa

- Cara ovalada con pómulos poco protuberantes: la cara ovalada es también un buen aspecto o señal de que una mujer puede disfrutar del éxito de su pareja o esposo. Si sus pómulos son altos o marcados, puede ayudar a su esposo e influir en su buena suerte.
- Barbilla redondeada: este tipo de barbilla indica que la persona disfruta de una vida de placer. La mujer puede disfrutar de los beneficios de su marido, hijos e hijas. Sin embargo si la nariz es pequeña, es una excepción, pues significa que la relación de pareja es poco sólida.
- Cejas limpias y ojos claros: las cejas limpias significan que el vello de la ceja es fino, las raíces son visibles y su crecimiento es parejo y uniforme. Con ojos claros nos referimos a ojos bien definidos en cuanto a lo blanco y el iris. Los ojos ligeramente alargados son indicativos de riqueza y reconocimiento; en este caso, ambos cónyuges se vuelven famosos y obtienen con facilidad un buen estatus social.

- Labios rojizos y dientes blancos: significan que la mujer es sana y tiene buena circulación. Son señales de riqueza y estatus. La mujer se casará con un hombre famoso y con buen estatus social.

- Nariz infantil o de muñequita: se refiere a la nariz de punta respingada. Una mujer con esta característica no debe casarse con un hombre cercano a su edad. Lo más recomendable es que se case con un hombre al menos diez años mayor para tener un buen matrimonio, donde su esposo se haga cargo de ella y le comparta su buena fortuna.

hombres que obtienen ayuda de sus esposas

Estos hombres disfrutan del apoyo de sus esposas en su vida y en su carrera profesional. Cuando se presenta un problema, la esposa tendrá la capacidad de ayudarlo a solucionarlo.

- Cejas delgadas, densas y largas: significan que el hombre tiene buen karma con el sexo opuesto y puede obtener ayuda de mujeres, incluso de su esposa. Tiene buen desarrollo si su entorno laboral es con mujeres.
- Cara redonda y carnosa: una cara redonda significa que el hombre obtiene ayuda de personas poderosas y ricas y que tiene buena relación con el sexo opuesto. Si también presenta buenos pómulos, que no sean bajos, su esposa le ayudará en su rutina diaria y en su carrera profesional.
- Barbilla redondeada con buenos pómulos: significa buena suerte en la mediana edad y en la madurez. Buena relación con su esposa, quien será una persona capaz que puede mejorar su suerte. Sus hijos serán respetuosos y cariñosos.

- Nariz grande con pómulos bajos: la nariz es donde se ubica la suerte de la esposa en el rostro de un hombre. Una nariz grande indica que la esposa será hábil y virtuosa. Este tipo de hombre es terco, con autoestima alta y es difícil relacionarse con él. Tiene pocas relaciones amistosas, de manera que su esposa es la única persona que lo apoya y acompaña.

rasgos que pueden indicar tendencia a la infidelidad

hay algunos rasgos faciales que denotan una mayor facilidad para ceder a la infidelidad. Entre más de estos rasgos estén presentes, más alta será la probabilidad de verse envuelto en infidelidades.

- Labios delgados: el labio superior representa los sentimientos, mientras el inferior refleja el deseo sexual. Las personas con labios delgados tienen fuertes deseos sexuales y son sentimentales.
- Párpados hinchados: la persona tiene fuertes deseos sexuales.
- Nariz larga y grande: la nariz se asocia con el órgano sexual masculino en el rostro de un hombre.
- Cejas curvas con vacíos al final: las cejas curvas significan que la persona es soñadora, mientras la caída de cejas o vacíos al final significa que la persona no es lista. Ambos aspectos juntos se combinan para hacer que esa persona se enamore con facilidad, sin un análisis lógico o racional.
- Ojos alargados y llorosos: este tipo de persona busca los encuentros sexuales a cada momento.

- Ojos grandes y redondos: esta persona es ingenua y apasionada acerca del amor. Se confunde entre sexo y amor, lo cual la lleva a caer en infidelidad fácilmente.

- Puente bajo de nariz: las mujeres con puente de nariz bajo no son muy afortunadas en lo referente al amor; sin embargo, ejercen una atracción fuerte en hombres casados que se interesan en ellas.

- Cara grande con nariz muy pequeña: este tipo de nariz describe a una persona práctica y controladora; por lo mismo, le interesan las relaciones con personas establecidas en el ámbito profesional y económico. La mayoría de las personas que le atraen suelen estar casadas, por lo que este tipo de nariz en mujer indica tendencia a ser objeto de infidelidad.

- Ojos llorosos: una mujer con ojos llorosos tiende a verse envuelta en triángulos amorosos.

- Cabello ondulado: significa que la persona necesita sexo con frecuencia y no se siente cómoda con relaciones largas sin sexo. No le gusta la soledad, lo cual puede llevarla a caer en infidelidad.

- Línea de aventuras amorosas debajo del ojo: esta persona es susceptible a las tentaciones respecto del sexo opuesto durante toda su vida.

- "Patas de gallo" en los ojos: estas líneas en la parte exterior de los ojos son signos de una relación de pareja poco sólida. La esposa está enferma todo el tiempo o la relación carece de pasión.

- Labio inferior delgado: significa altos deseos sexuales con poca capacidad de razonar.

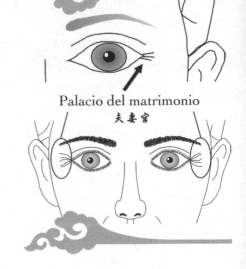

Palacio del matrimonio
夫妻宫

rasgos que implican facilidad para el romance

stas personas gozan de suerte en el amor. Tienen buena suerte con el sexo opuesto y son consentidas. Con frecuencia se ven asediadas por personas que buscan su cariño y amor.

◦ La esclerótica del ojo con un ligero tinte rosado: este tipo de ojos implica relaciones amorosas no deseadas. Por lo general se presenta en hombres e indica que son indecisos. No importa cuán listos o inteligentes son, simplemente se confunden y no saben cómo reaccionar cuando tienen una mujer en-

frente y no pueden resistir ninguna tentación. En especial entre los 35 y cuarenta años de edad pueden experimentar una profunda y fuerte relación. Si son casados, esta relación puede acabar con su matrimonio.

- Líneas de romance debajo de los ojos: este tipo de líneas indica que la persona tiene buen karma con el sexo opuesto y su pareja se esmerará por cuidarlo, amarlo y consentirlo. Esa atención y ese cariño pueden convertirse en romance y en noviazgo con rapidez.

- Ojos grandes con iris grandes: esta es otra señal de fuertes vínculos con el sexo opuesto en ambos casos, hombres y mujeres. Estas personas siempre ejercerán atracción hacia ellas en los demás. Las mujeres con este tipo de ojos son inestables en su vida amorosa.

 mentirosos

stas personas mienten para obtener lo que desean. Cuando se ganan el corazón de otra persona, encontrarán que
no es exactamente lo que esperaban. Simplemente se alejarán y
dejarán a esa persona en el camino.

- Boca chueca o torcida: cuando al hablar o no la persona tiene
  la boca torcida, indica que tiene problemas en lo que al dis-
  curso se refiere. Se compromete y promete sin darse siquiera
  cuenta; por consiguiente, con la misma facilidad se desdice en
  lo que a sus relaciones se refiere.
- Dientes desordenados o con un espacio grande entre los dos
  frontales: este tipo de persona miente y habla sin sentido a la
  vez. Para convencer y atraer al sexo opuesto, mentirá con
  mucha facilidad y espontaneidad; incluso dirá las mentiras
  más dulces e inesperadas.

infieles y cobardes

ste tipo de persona es infiel y cobarde al mismo tiempo. Le tiene miedo al cónyuge, pero se escapa a la caza de sexo potencial al mismo tiempo.

- Cejas densas y delgadas con ojos de mirada apagada: este tipo de cejas indica que la persona se obsesiona con fantasías sexuales. Los ojos de mirada apagada indican que la persona es cobarde, así que utilizará a sus amigos como pretexto para conocer a otra pareja sexual potencial. Sin embargo, no se mueve con facilidad a otro nivel, ya que el temor hacia su cónyuge es superior. Sueña mucho y hace poco.

rasgos que implican un carácter abusivo

Maridos abusivos

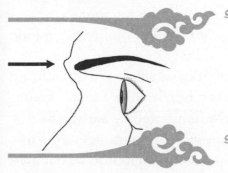

- Frente angosta: indica a personas necias, sin capacidad analítica. Es difícil comunicarse con este tipo de personas. Cuando hay mala comunicación, esta persona optará por la imposición.
- Hueso de las cejas demasiado protuberante: esta persona es de temperamento corto, lo que solemos conocer como "de mecha corta". No puede controlarse a sí misma.
- Ojos feroces: el iris se ve más pequeño que la esclerótica de los ojos. Indican rudeza.
- Pómulos protuberantes hacia los lados: este individuo es impulsivo y no tiene control sobre sí mismo.
- Mandíbulas angulares y protuberantes: es misterioso y vengativo.
- Dedo pulgar grande y delgado: tiene tendencia abusiva.

- Iris pequeño: entre más pequeño es el iris, más ruda y desconectada emocionalmente es la persona.
- Dedos muy pequeños: de temperamento corto y poco inteligente. Actúa por impulsos repentinos y su mente no puede controlar su comportamiento.
- Labios delgados: poca conexión sentimental o emocional. Cuando no hay amor, hará cualquier cosa para liberar su enojo y coraje.

Esposas abusivas

Sus rasgos son similares a los de los maridos abusivos.

- Cabello rudo, rizado y amarillento: la persona es necia y carece de sentido común. Se victimiza y siente que es tratada de forma injusta.
- Frente alta y protuberante: es señal de mala suerte en el matrimonio para las mujeres, no tienen buena relación con sus maridos.
- Pómulos protuberantes: tiene tendencias yang explosivas y le gusta pelear con su marido.
- Ojos feroces: es vengativa y sin conexión emocional.
- Iris muy pequeño: existe blanco en todo el ojo; esta persona es ruda, vengativa y mala.
- Ojos pequeños: se guarda todo para sí misma y cuando no puede tolerar más, hará pataletas y berrinches, tomará ventaja y revancha de todo lo que no la tenga feliz y satisfecha.
- Puente de la nariz accidentado: es de temperamento corto e impulsivo. No controla sus pensamientos cuando se encuentra en problemas.
- Hueso de cejas protuberante con poco vello en la ceja: persona impulsiva y ruda.
- Mandíbula protuberante a los lados: misteriosa, vengativa y de carácter destructivo.
- Pulgares largos y delgados: tendencia abusiva.
- Dedos cortos: temperamento corto y su mente no controla sus impulsos.

el uno para el otro

Por lo general pensaríamos que si una mujer y su esposo tienen rasgos faciales similares, nacieron el uno para el otro. En realidad esto no es cierto. Lo ideal es que los individuos con rasgos similares sean amigos, pues se comprenderán a la perfección, pero si son pareja no encontrarán puntos o aspectos de negociación por ser de caracteres similares. Lo recomendable es que los caracteres del esposo y la esposa sean complementarios.

- Puente de nariz alto casado con puente de nariz bajo.
- Una persona alta y delgada casada con una persona baja y llenita.
- Mandíbula ancha casada con mandíbula normal o proporcionada.
- Mujer de nariz pequeña casada con un hombre mayor.
- Cejas delgadas casado con cejas anchas.
- Boca grande casado con boca chica.
- Mujer con línea baja del cabello casada con un hombre mayor.

rasgos que indican que la persona influye de manera adversa en la suerte de su pareja

Un hombre que afecta la suerte de su esposa:
- Nacido con cabello seco de color rubio.
- Hueso de ceja protuberante, con cejas despeinadas y desordenadas.
- Pómulos que sobresalen a los lados del rostro.
- El labio superior sobresale y llega a cubrir parte del labio inferior.

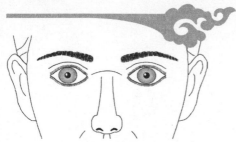

- Lunares o líneas verticales u horizontales en el puente de la nariz.
- Ojos feroces.

Una mujer que afecta la suerte de su esposo:
- Frente muy alta o larga.
- Nariz con puente asimétrico o con nudos.

- Lunares o líneas horizontales o verticales en el puente de la nariz.
- Sin cejas.
- El labio inferior es amplio y llega a cubrir parte del labio superior.
- Pómulos protuberantes hacia los lados o manchas y pecas en las mejillas.
- Iris muy pequeños.

Una persona que tenga tres de estos rasgos mencionados se puede considerar que afecta la suerte de su pareja. En estos casos es más recomendable vivir en unión libre que casarse.

A un hombre con tres de estos rasgos le sugerimos casarse con una mujer cuando menos diez años mayor o menor que él o casarse con una mujer viuda o divorciada. Esto equilibrará el aspecto de afectar la suerte de su pareja.

Una mujer con al menos tres de los rasgos ya mencionados equilibraría esta situación si se casa con un hombre al menos diez años mayor o menor que ella o un hombre divorciado.

rasgos asociados a la suerte con dinero inesperado

hay personas con mucha suerte para ganar rifas, premios y sorteos, mientras otras personas nunca se ganan nada, ni un premio en una feria. Hay ciertos rasgos faciales que indican que la persona tiene suerte para atraer dinero inesperado.

- Pómulos rozagantes: indican que el individuo siempre obtiene apoyos de gente poderosa y otras personas le generan suerte y buena fortuna. A este tipo de personas les sugerimos pedirle a alguien más que les compre billetes de lotería o de sorteos para tener mayores oportunidades de ganar.

- Fosas nasales delgadas: la punta de la nariz se asocia con llegada de dinero; este tipo de fosas nasales indican que la persona recibe constante flujo de efectivo y tiene suerte para atraer dinero inesperado.

- Nariz larga y grande: esta es una señal de riqueza. La persona trabaja cerca de gente poderosa y los demás le generan buena suerte y lo apoyan. Tiene facilidad para obtener buenos puestos de trabajo y para atraer dinero inesperado.

- Punta de la nariz firme y sobresaliente: la punta de la nariz indica la llegada de dinero para una persona; una punta de nariz respingada indica que la persona atrae dinero inesperado. Para que esto se logre, el puente de la nariz debe ser recto y largo.

- Color asociado con la suerte monetaria: una mancha blanca o coloración blanca en todo el puente de la nariz indica que la persona recibirá dinero pronto.

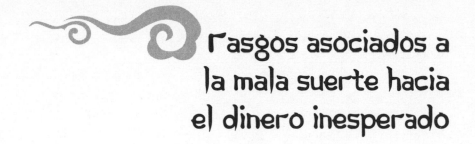

Rasgos asociados a la mala suerte hacia el dinero inesperado

- Pómulos afilados: los pómulos se asocian con la suerte generada por apoyos externos. Este tipo de pómulos indica que la persona no obtiene apoyos externos. Por más que compre billetes de lotería, nunca le llega el premio.
- Nariz muy grande: una nariz demasiado grande acaba con la suerte en lo que a dinero inesperado se refiere e indica que la persona solo obtendrá dinero por los medios tradicionales: el trabajo. La persona tendrá que trabajar duro y hacer todo por sí misma.
- Punta de la nariz larga, redondeada y hacia abajo: esta es una señal de entrada económica estable por medios tradicionales. Se trata de una persona administrada y con poca creencia en la idea de obtener dinero por medio de sorteos o rifas.

rasgos que indican pérdida de dinero

A cné en la punta de la nariz: indica posible pérdida del trabajo. Si apuesta dinero en ese momento, lo perderá.

○ Acné en las fosas nasales: significa que la persona puede perder ganancias económicas obtenidas. Si pretende apostar, la persona perderá toda la ganancia y quedará con una deuda grande. La pérdida puede ser mayor a lo que la persona puede respaldar.

○ Asimetría entre las fosas nasales: esto indica que la persona puede perder todo lo que apueste. Este tipo de nariz indica que la persona no tiene suerte en cuanto a la llegada de dinero inesperado por medio de premios o sorteos. Debe evitar gastar en ello.

Interpreta rasgos para conocer el carácter de tu jefe

Aquellos a quienes les gusta ser adulados:

- *Filtrum* corto: significa que la persona ama ser alabada y halagada. Apoya a quien más la adula.
- Cara redonda: indica que la persona gusta de estar acompañada todo el tiempo para resaltar su presencia como superior. Esta persona se preocupa demasiado por la imagen y recibirá cuantos halagos quieras ofrecerle.
- Puente bajo de nariz: indica a una persona de autoestima baja que adora escuchar y enterarse de chismes y adulaciones.

Aquellos a quienes no les gusta ser adulados:

- *Filtrum* largo: persona suspicaz y desconfiada. Aunque sea adulada con las mejores palabras del mundo, simplemente desconfiará de ellas.
- Ojos fuertes: se refiere a mirada profunda e indica que la persona es analítica y tiene alta intuición, por lo cual reconoce cuando sus empleados tienen y desarrollan un buen perfil.

- Puente de nariz recto: indica bastante confianza en sí mismo; la persona solo cree en lo que intuye o sabe.
- Cejas rectas: la persona tiene un alto concepto de la justicia y sabe a la perfección lo que cada quien ha hecho.

Jefe generoso:

- Nariz con huesos marcados y picuda: la persona tiene temperamento artístico y perfeccionista.
- Fosas nasales visibles: la persona nació para tener suerte monetaria inesperada. El dinero le llega fácil y lo gasta fácil. Tratará bien a sus empleados cuando tenga buenas ganancias económicas.
- Sienes ligeramente hundidas: esta persona no tiene mucho cuidado con el dinero, más bien no le otorga mucha importancia. Si tu trabajo lo vale, pagará lo que le pidas de manera justa.

Jefe difícil:

- Sienes abultadas: persona ahorrativa y agobiada por el dinero; lo cuida en exceso sin importar la cantidad que tenga o acumule.
- Fosas nasales pequeñas y no visibles: indican que la persona cuida el dinero en exceso y siempre busca ahorrar. Es difícil negociar un aumento de sueldo con este tipo de jefe.

Interpreta los rasgos de tus subordinados o compañeros

¿Se puede diferenciar entre personas leales y traidoras en diversas entrevistas de empleo?

Traidores:
- Puente bajo de nariz: indica a una persona egoísta y materialista. Se dirigirá hacia donde obtenga dinero, aun cuando afecte a amigos u otras personas para obtener beneficios.
- Nariz rota: persona de corazón duro con tendencia a involucrar a sus compañeros y amigos en problemas.
- Mandíbulas muy protuberantes: por naturaleza es destructor, rompe esquemas establecidos para construir otros nuevos que pueda manipular.

Leales:
- Nariz recta y balanceada: indica que la persona es sincera y de poca malicia. Una nariz media indica que la persona respeta al jefe y que es buena empleada.

- Buena boca: una boca balanceada, sin lunares, cicatrices o líneas muy marcadas, indica que es una persona responsable y le preocupa la credibilidad.
- Dientes limpios y grandes: la persona tiene la habilidad de guardar secretos. Es discreta.

Productivos y capaces:

- Puente alto de nariz: significa que la persona tiene autoestima y confianza. Se preocupa por el estatus y el reconocimiento. Tiene capacidades de liderazgo.
- Mirada fuerte: indica a una persona lista y decidida, saludable y fuerte.
- Boca balanceada: indica que la persona se preocupa por la credibilidad y no hará promesas falsas ni se comprometerá con lo que no está de acuerdo.
- Cara cuadrada: tenacidad.

Buenos administradores:

- Nariz grande: una persona así es capaz de manejar y administrar grandes cantidades de dinero.
- Puente de nariz recto: indica alta autoestima. Si también tiene mirada fuerte, la persona difícilmente caerá en complicidad para obtener dinero mal habido o robado.
- Barbilla amplia: la barbilla indica la capacidad de la persona para manejar subordinados. Si es amplia, sus subordinados son obedientes y tiene una vida estable. Si una persona vive bien, es difícil que se involucre en tratos no adecuados.
- Final de cejas limpio y ordenado: la persona no se involucra en apuestas ni en actividades económicas riesgosas. Es conservadora en el manejo del dinero.

astrología china
mian Xiang

La astrología china considera doce signos zodiacales (ramas terrestres) que se combinan con los cinco elementos en fase yin o fase yang (tallos celestiales).

Los doce animales o signos zodiacales chinos son: la Rata, el Buey (o Búfalo), el Tigre, el Conejo (o Gato), el Dragón, la Serpiente, el Caballo, la Cabra (o Borrego), el Mono, el Gallo, el Perro y el Cerdo (o Jabalí).

Cada animal o signo zodiacal chino tiene un elemento fijo y uno variable. El elemento fijo que corresponde a cada uno es el siguiente:

Mono yang y Gallo yin	metal
Tigre yang y Conejo yin	madera
Rata yang y Cerdo yin	agua
Serpiente yin y Caballo yang	fuego
Buey yin, Dragón yang, Cabra yin y Perro yang	tierra

A cada signo le corresponde una estación del año.

Dragón, Conejo y Tigre	primavera
Serpiente, Caballo y Cabra	verano
Mono, Gallo y Perro	otoño
Cerdo, Rata y Buey	invierno

También a cada signo zodiacal le corresponde un par de horas del día:

Rata	11 pm a 1 am	Caballo	11 am a 1 pm
Buey	1 am a 3 am	Cabra	1 pm a 3 pm
Tigre	3 am a 5 am	Mono	3 pm a 5 pm
Conejo	5 am a 7 am	Gallo	5 pm a 7 pm
Dragón	7 am a 9 am	Perro	7 pm a 9 pm
Serpiente	9 am a 11 am	Cerdo	9 pm a 11 pm

También a cada animal o signo zodiacal le corresponde un mes. El año empieza con el signo del Tigre, representante del elemento madera, y con el inicio de la primavera. Recordemos que el Año Nuevo chino comienza en febrero; entonces, los meses se distribuyen de la siguiente manera:

Elemento	Último Digito	Polaridad	Rata	Buey	Tigre	Conejo	Dragón	Serpiente	Caballo	Cabra	Mono	Gallo	Perro	Cerdo
Metal	0	+	1900 1960		1950 2010		1940 2000		1930 1990		1920 1980		1910 1970	
Metal	1	-		1901 1961		1951 2011		1941 2001		1931 1991		1921 1981		1911 1971
Agua	2	+	1912 1972		1902 1962		1952 2012		1942 2002		1932 1992		1922 1982	
Agua	3	-		1913 1973		1903 1963		1953 2013		1943 2003		1933 1993		1923 1983
Madera	4	+	1924 1984		1914 1974		1904 1964		1954 2014		1944 2004		1934 1994	
Madera	5	-		1925 1985		1915 1975		1905 1965		1955 2015		1945 2005		1935 1995
Fuego	6	+	1936 1996		1926 1986		1916 1976		1906 1966		1956 2016		1946 2006	
Fuego	7	-		1937 1997		1927 1987		1917 1977		1907 1967		1957 2017		1947 2007
Tierra	8	+	1948 2008		1938 1998		1928 1988		1918 1978		1908 1968		1958 2018	
Tierra	9	-		1949 2009		1939 1999		1929 1989		1919 1979		1909 1969		1959 2019

Respecto del rostro, los signos zodiacales chinos se ubican de la siguiente manera:

Hombre

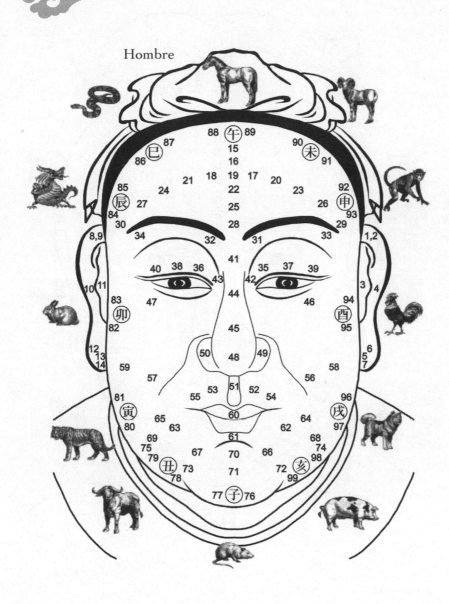

Mujer

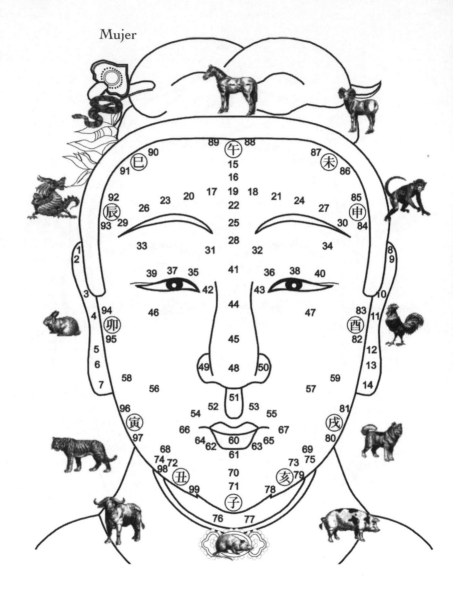

Al conocer la posición de los signos zodiacales en el rostro, puedes observar la situación de cada uno en un año determinado, un mes determinado o un par de horas determinadas. Si el área o posición del signo en el rostro es adecuada, es decir, de buena tonalidad y buena situación (como hemos descrito con anterioridad en este libro), indica un buen momento para la persona en el año, en el mes o en el par de horas determinadas. Es favorable tomar esto en cuenta cuando vamos a hacer una negociación, a tener una cita importante, etcétera. Si el área o posición del signo en el rostro no es adecuada (lunares, manchas, granitos, acné, etcétera), indica que lo recomendable es manejarse con prudencia y realizar un cambio de planes por precaución.

Fortalece tus órganos

A través de analizar nuestro rostro, hemos aprendido que algunos órganos se manifiestan en algunas de sus partes. En aquellos casos cuando interpretes señales que afectan tus órganos, la siguiente información puede servirte de apoyo.

Los alimentos que consumimos producen actitudes y reacciones en nosotros; se catalogan dentro del principio yin/yang del balance y la armonía perfectos. En el caso de personas de temperamento demasiado relajado, tranquilo, pacífico, amable y sensible, es importante consumir alimentos como vegetales de raíz, granos, frijoles, pescado, huevo, carne y alimentos salados, condimentados, picantes, fritos o asados para balancear su energía personal y evitar la inseguridad y la depresión.

Para aquellas personas de temperamento confiado, alegre, entusiasta, ambicioso y competitivo, se sugieren alimentos como vegetales verdes, tofu (queso de soya), ensaladas, frutas, líquidos, alimentos dulces y agridulces, así como alimentos preparados al vapor o frescos, para balancear su energía personal y evitar la irritabilidad, el enojo y las reacciones agresivas y violentas.

Los alimentos que fortalecen el corazón, el timo y el intestino delgado son: trigo, centeno, avena, lentejas, chícharos, ejotes, vegetales verdes, pimientos verdes, brócoli, frutas cítricas, pollo y alimentos de color verde. Los que fortalecen el hígado, el sistema nervioso, los músculos, los ligamentos y los tendones son: frijoles, algas marinas, cerezas negras, cerezas azules, uvas moradas, sandía, pescado y todos los alimentos de color oscuro.

Los que benefician al páncreas, al bazo y al estómago son: maíz, endibias, mostaza, tomates, escalopas, fresas, cerezas, duraznos, barbacoa, borrego y camarones, así como los alimentos de color rojo.

Para mejorar los pulmones, el sistema nervioso autónomo, el intestino grueso y la piel se recomiendan: frutas dulces, nueces, atún, pez espada, aves y alimentos amarillos o de colores térreos. Referente a los riñones, la sangre, la vejiga, el sistema inmunológico y los órganos y hormonas sexuales, son favorables: arroz, frijoles de soya, tofu (queso de soya), cebollas, nabos, rábanos, coliflor, col, peras, pavo, apio, carne de res y los alimentos de color blanco y tonos pastel.

apóyate con tu ming gua o trigrama personal para fortalecer aspectos de tu vida y tendencia

apóyate con tu Ming Gua o trigrama personal para fortalecer aspectos de tu vida y tendencia

Con base en la fecha de nacimiento podemos establecer cuatro direcciones cardinales más favorables y cuatro menos favorables para cada persona; esto corresponde a la escuela denominada Ba Zhai (ocho mansiones o portentos).

Para establecer estas direcciones se aplica la fórmula del número Kua.

En el caso de los hombres, aplicamos la fórmula yang: es necesario establecer en el calendario solar el año de nacimiento de la persona. Dado que el calendario solar chino inicia cada año el día 4 de febrero, si una persona nació antes de esa fecha en un año determinado, para el cálculo de esta fórmula empleará el año anterior. Ya determinado el año de nacimiento, suma todos los dígitos del año de nacimiento hasta reducirlo a un solo dígito y luego réstalo de una constante de 11; por ejemplo:

18 de marzo de 1977
Año solar de nacimiento: 1977
Sumar los dígitos del año: $1 + 9 + 7 + 7 = 24$
Reducir a un solo dígito: $2 + 4 = 6$
Restarlo de una constante de 11: $11 - 6 = 5$

En el caso de las mujeres aplicamos la fórmula yin:
Establece el año solar de nacimiento.
Suma todos los dígitos del año de nacimiento.
Reduce a un dígito.
Suma una constante de cuatro. Por ejemplo:

18 de marzo de 1977
Año solar de nacimiento: 1977
Sumar los dígitos del año: $1 + 9 + 7 + 7$
Reducir a un solo dígito: $2 + 4 = 6$
Sumarle una constante de 4: $4 + 6 = 10$ (1)

En el caso de los hombres cuya resultante sea el número Kua cinco, van a adoptar el número dos; en el caso de las mujeres adoptarán el número ocho debido a que al número cinco no le corresponde ningún trigrama ni dirección cardinal. El número Kua o Ming Gua corresponde al trigrama personal de nacimiento de una persona.

Las direcciones favorables se denominan y describen de la siguiente manera:

Sheng Chi: Dirección de prosperidad y dinero.
Tien Yi: Dirección de salud, riqueza y buenos amigos.
Nien Ken: Dirección de longevidad, armonía y amor.
Fu Wei: Dirección de protección.

En la siguiente gráfica, de acuerdo con tu número Kua, presentamos tus cuatro direcciones cardinales favorables.

Kua	Prosperidad Sheng Chi	Salud Tian Yi	Amor Nian Yen	Protección Fu Wei
1	SE	E	S	N
3	S	N	SE	E
4	N	S	E	SE
9	E	SE	N	S
2	NE	O	NO	SO
6	O	NE	SO	NO
7	NO	SO	NE	O
8	SO	NO	O	NE

N = Norte, S = Sur, E = Este, SE = Sureste, O = Oeste, NO= Noroeste, NE = Noreste, SO = Suroeste.

Las direcciones no favorables se describen de la siguiente manera:

Ho Hai: Accidentes y pérdidas.
Wu Kwei: Incendios, robos y pleitos.
Liu Sha: Problemas legales, discusiones, enfermedades.
Chueh Ming: Pérdida de salud y dinero (pérdida total).

En la siguiente gráfica, según tu número Kua, presentamos tus cuatro direcciones cardinales desfavorables:

Kua	Prosperidad Sheng Chi	Salud Tian Yi	Amor Nian Yen	Protección Fu Wei
1	O	NE	NO	SO
3	SO	NO	NE	O
4	NO	SO	O	NE
9	NE	O	SO	NO
2	E	SE	S	N
6	SE	E	N	S
7	N	S	SE	E
8	S	N	E	SE

En este aspecto intervienen dos conceptos importantes: la dirección favorece en "posición" y "dirección". El término "posición" se refiere a ubicarse en ese sector cardinal, mientras el término "dirección" corresponde a sentarse o pararse con la mirada hacia esa dirección cardinal.

Sugerimos ubicar la puerta principal, la cama, la cabecera de la cama (se mide hacia donde queda dirigida la cabeza al dormir o acostarse) y aquellos espacios donde pasamos más tiempo en los sectores favorables y hacia las posiciones y direcciones favorables de acuerdo con el número Kua; de esta manera apoyaremos al *Chi* personal con el *Chi* del entorno. Por ejemplo, a una persona con rasgos que indican conflictos o situaciones poco favorables asociadas con la riqueza, se le sugiere colocarse en y mirar hacia la dirección Sheng *Chi* acorde con su número Kua o Ming Gua.

Para impulsar tu energía positiva en cada dirección cardinal, utiliza una brújula en el plano de la casa o la oficina para ubicar los sectores cardinales correspondientes y haz lo siguiente:

- Ubica en tu habitación tu dirección personal de prosperidad y coloca un tazón de cristal o vidrio con agua y tres velas flotantes (debes cambiar el agua a diario).
- Ubica tu dirección personal del amor en tu habitación y coloca objetos en pares para fomentar intimidad y comunicación.
- Ubica tu dirección personal de protección en tu habitación y coloca una deidad (cuadro o escultura) que vea hacia la entrada de la habitación.
- Ubica tu dirección personal de salud en tu habitación y coloca un jarrón que siempre tenga flores frescas.

Para disminuir el efecto negativo de tus direcciones cardinales personales negativas, ubica con una brújula los sectores cardinales en tu casa u oficina y haz lo siguiente:

- En la dirección cardinal que corresponde a Chueh Ming coloca una pequeña fuente de agua.
- En la dirección cardinal que corresponde a Liu Sha coloca una planta natural sana y de hojas redondeadas.
- En la dirección cardinal que corresponde a Ho Hai coloca una vasija con cuarzos de colores.
- En la dirección cardinal que corresponde a Wu Kwei coloca un jarrón de cerámica o talavera con flores amarillas.

Conclusiones

Cl Feng Shui es el arte chino que se enfoca en analizar cómo podemos vivir de manera sana y feliz, en armonía con la naturaleza. Este arte abarca la decoración adecuada a nivel interior y exterior de un lugar, con el fin de evitar enfermedades y pesares, así como impulsar el éxito.

El arte de interpretar un rostro (Mian Xiang) se refiere a analizar las características externas del rostro humano y su meta es la misma.

Si comparamos ambas filosofías, podemos concluir que el rostro se asocia con la fachada de una construcción, y el carácter o personalidad con la decoración interior de esa construcción.

Si la apariencia interna de una construcción puede mejorar con ciertas técnicas, lo mismo puede aplicar al carácter y la personalidad.

Nuestra apariencia puede mejorar con un cambio en la apariencia interna, la personalidad y el carácter. Es cuestión de trabajar a nivel interno, meditar, apoyarnos con terapia y con Feng Shui, enfrentar los miedos, conocer nuestras virtudes, así como nuestras carencias y deficiencias, y enfocarnos en equilibrar estos aspectos.

Los primeros pasos para generar cambios en tu vida son los siguientes:

- Mantén abiertos tus canales de comunicación.
- Haz un esfuerzo por desarrollar tus proyectos y lograr tus deseos con constancia.
- Haz lo que amas y ama lo que haces.
- Sé compasivo y tolerante contigo mismo y con los demás.
- Comprométete contigo mismo y con tus acciones.
- Asume la responsabilidad de tu vida y de tus actos.
- Trata de entender a los demás, en especial a tu pareja.
- Esfuérzate por comprenderte y establece tus necesidades.
- Quiérete y consiéntete.
- Si quieres recibir lo mejor, date a ti mismo lo mejor.

La apariencia externa refleja la apariencia interna y viceversa.

Si deseas tener una hermosa apariencia externa pero no cuidas tu apariencia interna, ambas desaparecerán algún día. Si tienes belleza interna y la cuidas y la cultivas, algún día tendrás belleza externa de igual manera.

Este libro es una herramienta para mejorar y fortalecer el equilibrio, la salud y la estabilidad en nuestra vida, así como para mejorar nuestras relaciones y convivencia con los demás. En ningún momento pretende sustituir el diagnóstico y el trabajo de un médico o terapeuta.

Deseamos de todo corazón que este libro sea un aporte para un gran cambio en tu vida, que te conduzca a la felicidad, a la estabilidad, a la salud y, sobre todo, al equilibrio.

índice